房地产估价方法应用案例及分析

戚瑞双　主　编

张　攀　万　磊　张丽娜　副主编

中国财经出版传媒集团

经济科学出版社
Economic Science Press

图书在版编目（CIP）数据

房地产估价方法应用案例及分析／戚瑞双主编．—北京：
经济科学出版社，2017.7
ISBN 978 - 7 - 5141 - 8084 - 8

Ⅰ.①房…　Ⅱ.①戚…　Ⅲ.①房地产价格 - 估价 -
案例 - 中国 - 高等职业教育 - 教材　Ⅳ.①F299.233.5

中国版本图书馆 CIP 数据核字（2017）第 124838 号

责任编辑：白留杰　刘殿和
责任校对：郑淑艳
责任印制：李　鹏

房地产估价方法应用案例及分析
戚瑞双　主　编
张　攀　万　磊　张丽娜　副主编
经济科学出版社出版、发行　新华书店经销
社址：北京市海淀区阜成路甲 28 号　邮编：100142
教材分社电话：010 - 88191355　发行部电话：010 - 88191522
网址：www. esp. com. cn
电子邮件：bailiujie518@126. com
天猫网店：经济科学出版社旗舰店
网址：http：//jjkxcbs. tmall. com
北京密兴印刷有限公司印装
787 × 1092　16 开　7. 25 印张　180000 字
2017 年 6 月第 1 版　2017 年 6 月第 1 次印刷
ISBN 978 - 7 - 5141 - 8084 - 8　定价：22. 00 元
（图书出现印装问题，本社负责调换。电话：010 - 88191510）
（版权所有　侵权必究　举报电话：010 - 88191586
电子邮箱：dbts@esp. com. cn）

前　言

随着我国职业教育发展，职业教育改革不断推进。2014 年，《国务院关于加快发展现代职业教育的决定》中提出，要推进人才培养模式创新，强化教学、学习、实训相融合的教育教学活动。推行项目教学、案例教学、工作过程导向教学等教学模式。2015 年，《教育部关于深化职业教育教学改革全面提高人才培养质量的若干意见》中提出，要推进专业教学紧贴技术进步和生产实际，紧贴岗位实际工作过程，调整课程结构，更新课程内容，深化多种模式的课程改革。把职业岗位所需要的知识、技能和职业素养融入相关专业教学中，要普及推广项目教学、案例教学、情景教学、工作过程导向教学，广泛运用启发式、探究式、讨论式、参与式教学，充分激发学生的学习兴趣和积极性。2017 年，《教育部关于印发刘延东副总理在推进职业教育现代化座谈会上讲话的通知》中提出，要深化教育教学改革，紧跟产业变革更新课程内容，创新人才培养模式，强化教学、学习、实训相融合的教育教学活动。

房地产估价是自然学科和社会学科相互交叉、相互渗透的一门学科，高等职业教学中既要学生掌握扎实的理论基础，又要学生具备较强的估价实践操作能力。在上述相关政策文件的引导以及教学实践发展中，房地产估价课程教学改革已经从单纯的重理论重知识的模式转向了重实践操作能力和综合素质的教学。教学实践中，也相应地改变了过去传统的讲授式教学，引入了课堂学习、课外作业、案例式教学、项目式教学等模式，应该说课堂效果有很大的提高。与课堂教学模式改革相匹配的，高职房地产估价教材也必然要进行改革与创新。在这种情况下，我们组织编写了本书。

本书由多位既具有丰富房地产估价教学经验，又具备估价实践项目操作经验的老师共同编写，坚持了理论清楚、项目有用的原则，将估价最新知识纳入教材，同时从多家房地产估价公司选取真实的估价案例，并严格参照《房地产估价规范》等行业标准进行编写，使本书具有较强的实用性，可供高等职业教育相关专业全日制学生作为教材使用，也可供房地产估价从业人员作为继续学习和工作的参考资料。

本书由北京电子科技职业学院戚瑞双（副教授）完成大纲、第二章的编写以及全书的统稿工作，由武汉科技大学城市学院张丽娜（讲师）编写了第一章，由重庆商务职业学院张攀（助教）编写了第二章和第三章，由广东农工商职业技术学院万磊（讲师）编写了第五章和第六章。

本书编写过程中，参考了多位同行的著作，得到了多家房地产估价公司的帮助，在此一并致谢。虽然我们力求完美，但由于编者水平所限，书中难免存在错漏或不当之处，恳请读者批评指正。

编者

2017 年 4 月 26 日

前 言

目 录

房地产估价报告写作要求

【学习目标】

1. 了解房地产估价报告的基本内容；
2. 掌握有关房地产估价操作技巧、能够撰写房地产估价报告；
3. 熟悉房地产估价报告改错。

第一节　房地产估价报告构成

一、编写房地产估价报告的目的

房地产估价报告是估价机构接受委托合同，进行房地产估价测算，反映估价结果的成果文件，是估价机构提供给委托估价方的产品，是关于估价对象价值的专业研究报告。

编写房地产估价报告的目的，一方面，可以提供给委托估价方关于估价对象价值的专业结论，使得房地产估价的相关部门了解估价过程及测算方法，理解整个估价过程是估价人员以认真科学的态度评估出来的。另一方面，编制估价报告也是估价机构的工作需求，通过编制估价报告，分析估价过程，测试估价结果，总结估价经验教训，也是估价机关协会对估价机构进行审查的必需资料。

二、编写房地产估价报告的基本要求

房地产估价报告应真实、客观、准确、完整、清晰、规范地记述估价过程和估价结果。具体应做到以下几点。

（一）完整性

房地产估价报告应全面地反映估价的情况和结果，报告构成要完整，正文内容和附件资料应齐全、配套，不得隐瞒事实，没有重大遗漏。

（二）客观性

房地产估价人员应按照事物的本来面目、实事求是地进行估价，不得加入个人偏见，估

价结论应有依据，公平公正真实地反映估价对象的价值。

（三）准确性

房地产估价报告中的基础数据应正确，用语应明确肯定，避免产生误解，对未予以核实的事项不得轻率写入，对难以确定的事项及其对估价结果的影响应予以说明，不得含糊其辞。

（四）清晰规范性

房地产估价报告用语规范，所涉及的内容应进行高度的概括，估价报告层次分明，用简洁的文字或图表进行归纳总结，避免不必要的重复，便于估价报告使用者理解和使用。

三、房地产估价报告的分类

房地产估价报告有书面估价报告和口头估价报告，为了估价报告的严肃性和规范化，估价报告应采取书面形式，即应为书面估价报告，其分为叙述式估价报告和表格式估价报告。叙述式估价报告和表格式估价报告只是表现形式不一样，对估价的要求和内容是相同的。

叙述式估价报告是房地产估价报告最普遍的形式，它能使估价人员充分地论证分析估价的过程和结论，使得估价结果更具有说服力。

表格式估价报告比叙述式估价报告更简明扼要，但并非是简单或省略的估价报告，主要应用于对成片或成批多宗房地产进行估价，且单宗房地产的价值较低时，如旧城区居民房屋拆迁估价。

四、房地产估价报告的基本内容

根据房地产估价规范的要求，一份完整的估价报告主要包括8个部分：（1）封面。（2）致估价委托人函。（3）目录。（4）估价师声明。（5）估价假设和限制条件。（6）估价结果报告。（7）估价技术报告。（8）附件。

（一）封面

封面的内容一般包括下列几项：

1. 估价报告名称。宜为"房地产估价报告"，也可结合估价对象和估价目的来命名。
2. 估价报告编号。应反映估价机构简称、估价报告出具年份，按顺序编号。
3. 估价项目名称。根据估价对象的名称、位置和估价目的，提炼出简洁的名称。
4. 估价委托人。当为单位时，应写明其名称；当为个人时，应写明其姓名。
5. 估价机构。应写明其名称。
6. 房地产估价师。应写明所有参加估价的注册房地产估价师的姓名和注册号。
7. 估价报告出具日期。与致估价委托人函中的致函日期一致。

（二）致估价委托人函

致估价委托人函应包括下列内容：

1. 致函对象。应写明估价委托人的名称或姓名。

2. 估价目的。应写明估价委托人对估价报告的预期用途，或估价是为了满足估价委托人的何种需要。

3. 估价对象。应写明估价对象的财产范围、名称、位置、规模、用途、权属等基本情况。

4. 价值时点。应写明所评估的估价对象价值或价格对应的时间。

5. 价值类型。应写明所评估的估价对象价值或价格的名称。

6. 估价方法。应写明所采用的估价方法的名称。

7. 估价结果。应写明最终评估价值的总价，并注明其大写金额。

8. 特别提示。应写明与评估值和使用估价报告、估价结果有关的引起估价委托人和估价报告使用者注意的事项。

9. 致函日期。应注明致函的年、月、日。

10. 致函落款。为估价机构的全称，加盖估价机构的公章，并由法定代表人或估价师签名、盖章。

（三）目录

目录按前后次序列出估价报告各个组成部分的名称、副标题及对应的页码。

（四）估价师声明

估价师声明应写明所有参加估价的注册房地产估价师对其估价职业道德、专业胜任能力和勤勉尽责估价的承诺和保证，应包括下列内容：

1. 注册房地产估价师在估价报告中对事实的说明是真实和准确的，没有虚假记载、误导性陈述和重大遗漏。

2. 估价报告中的分析、意见和结论是注册房地产估价师独立、客观、公正的专业分析、意见和结论，但受到估价报告中已说明的估价假设和限制条件的限制。

3. 注册房地产估价师与估价报告中的估价对象没有现实或潜在的利益，与估价委托人及估价利害关系人没有利害关系，也对估价对象、估价委托人及估价利害关系人没有偏见。

4. 注册房地产估价师按照有关房地产估价标准的规定进行估价工作，撰写估价报告。

（五）估价假设和限制条件

估价假设和限制条件是说明估价的假设前提，未经调查确认或无法调查确认的资料数据，在估价中未考虑到的因素和一些特殊处理及其可能的影响，估价报告使用的限制条件等。

在估价报告中陈述估价假设和限制条件，一方面是规避风险，保护估价人员；另一方面是告知、保护委托人和估价报告使用者。

（六）估价结果报告

估价结果报告应包括下列内容：

1. 估价委托人。当为单位时，应写明其名称、住所和法定代表人姓名；当为个人时，应写明其姓名和住址。

2. 房地产估价机构。应写明房地产估价机构的名称、住所、法定代表人姓名、资质等级、资质证书编号。

3. 估价目的。应说明估价委托人对估价报告的预期用途，或估价是为了满足估价委托人的何种需要。

4. 估价对象。应概要说明估价对象的财产范围及名称、坐落、规模、用途、权属等基本情况；对土地基本状况的说明，还应包括四至、形状、开发程度、土地使用期限；对建筑物基本状况的说明，还应包括建筑结构、设施设备、装饰装修、新旧程度。

5. 价值时点。应说明所评估的估价对象价值或价格对应的时间及其确定的简要理由。

6. 价值类型。应说明所评估的估价对象价值或价格的名称、定义或内涵。

7. 估价原则。应说明所遵循的估价原则的名称、定义或内涵。

8. 估价依据。应说明估价所依据的有关法律、法规和政策，有关估价标准，估价委托书、估价委托合同、估价委托人提供的估价所需资料，房地产估价机构、注册房地产估价师掌握和搜集的估价所需资料。

9. 估价方法。应说明所采用的估价方法的名称和定义。当按估价委托合同约定不向估价委托人提供估价技术报告时，还应说明估价测算的简要内容。

10. 估价结果。应写明最终评估价值的总价，并注明其大写金额。

11. 注册房地产估价师。应写明所有参加估价的注册房地产估价师的姓名和注册号，并由本人签名及注明签名日期，不得以个人印章代替签名。

12. 实地勘察期。应说明实地查勘估价对象的起止日期。

13. 估价作业期。应说明估价工作的起止日期，自受理估价委托之日起至估价报告出具之日止。

（七）估价技术报告

估价技术报告应包括下列内容：

1. 估价对象描述与分析。应有针对性地较详细说明、分析估价对象的区位、实物和权益状况。

2. 市场背景描述与分析。应简要说明估价对象所在地区的经济社会发展状况和房地产市场总体状况。

3. 估价对象最高最佳利用分析。以估价对象的最高最佳利用状况为估价前提，有针对性地较详细分析、说明估价对象的最高最佳利用状况。

4. 估价方法适用性分析。应逐一分析比较法、收益法、成本法、假设开发法等估价方法对估价对象的适用性。

5. 估价测算过程。应详细说明所选用的估价方法的测算步骤、计算公式和计算过程，以及其中的估价基础数据和估价参数的来源或确定依据等。

6. 估价结果确定。应说明不同估价方法的测算结果和最终评估价值，并详细说明最终评估价值确定的方法和理由。

（八） 附件

附件通常包括估价委托书复印件、估价对象位置图、四至和周围环境的图片、土地形状图、建筑平面图、建筑物外观和内部状况图片、估价对象权属证明复印件、估价中引用的其他专用文件资料、房地产估价机构营业执照和估价资质证书复印件、注册房地产估价师估价资格证书复印件等。

第二节　房地产估价报告常见错误分析

一、房地产估价报告结构的错误

房地产估价报告分为几部分，在规范的格式中每部分都要求有明确须表述的项目，但在实际的撰写过程中经常会发生缺项的情况。

1. 无目录。
2. 无致估价委托人函。
3. 无估价师声明。
4. 无估价假设和限制条件。
5. 无估价项目名称。
6. 无估价委托方。
7. 无估价受理方。
8. 无估价依据。
9. 无估价期日和估价日期。
10. 无估价师签字。
11. 落款无估价机构名称。
12. 缺少附件等。

二、房地产估价报告内容的错误

在房地产估价实务中，有时估价报告中的内容有明显的错误：

1. 随意编造对估价结果有直接影响的估价假设。
2. 估价目的表述不明确。估价报告中的估价目的一定要明确，不可有模棱两可、含糊不清的语句。
3. 估价对象界定不清或有严重错误，任意编造估价对象状况。
4. 价值类型选择或价值内涵、定义表述有错误。
5. 估价所用数据、重要参数的资料来源不明或不准确。
6. 估价依据严重错误或未在估价依据中标明估价所必须依据的法律法规、估价标准和指导意见。
7. 估价方法选用错误。

8. 估价技术路线严重错误。整体估计思路有错误。

9. 估价报告的有效期有误。

10. 估价结果不完整、估价结论确定不合理。估价结果一般包含单价、总价和总价的人民币大写等，不能缺项。估价结论确定不合理主要指所选用的评估方法得出的结果差异较大，结果确定理由不充分或无确定理由，而直接确定估价结果不妥。

11. 估价报告中的内容前后矛盾或不一致。包括致估价委托人函、估价结果报告、估价技术报告中的估价结果不一致，估价结果报告和估价技术报告的估价方法选用不一致。

三、不同的估价方法中的错误

（一）比较法的常见错误

1. 比较实例选择有误。

2. 条件说明表和前面因素描述不一致。

3. 所选的比较因素不能反映待估对象的特点。

4. 条件指数表中定量化错误。

5. 修正过程中，各修正系数来源不明。

6. 估价结果无确定理由。

（二）收益法的常见错误

1. 总收益计算有误。

2. 总费用计算有误。

3. 纯收益计算有误。

4. 参数选择有误。

（三）成本法的常见错误

1. 概念性错误。

2. 参数选择有误。

3. 成本项目确定有误。

4. 各项取值缺少依据或明显不合理。

5. 利息计算有误。

6. 利润计算有误。

（四）假设开发法的常见错误

1. 开发价值确定或计算有误。

2. 参数选择有误。

3. 利息计算有误。

4. 利润计算有误。

四、其他常见的错误

（一）估价报告中词语的错误

1. 语义含糊不清。表达分寸的词语，如范围、程度、条件等，在估价报告中经常使用，要有客观恰当的把握。不能使用"大概""可能"等词语，特别是估价结论，不能模棱两可。如"估价对象房地产每平方米建筑面积的价格大约在10 000元左右"，这种说法不妥。

2. 用词带有强烈的感情色彩。估价报告中的用词要得当，尽量使用中性的词汇，避免带有感情色彩的词语，如"该公司在全体员工的齐心努力、奋进拼搏下，取得了卓越辉煌的成效"。这样吹捧该公司的做法是不可取的。

3. 词语混淆。一些容易混淆的词语不能写错。例如，制定（不是"制订"），图像（不是"图象"），部分（不是"部份"），坐落（不是"座落"），好像（不是"好象"），抵消（不是"抵销"），账目（不是"帐目"），签订（不是"签定"）。

4. 语句不够简洁规范。房地产估价报告中的专业术语应使用恰当标准，语句应简洁规范，不能出现杂糅、赘余、啰唆的毛病。

（二）估价报告逻辑不严密

房地产估价报告的逻辑要严谨，不能出现自相矛盾、逻辑混乱的现象。例如，前后不照应，前面定的还原利率为10%，后面采用的是11%；序号编排前后不一致，前面排列序号"一"下面是"1.2.…"，后面序号"二"下面是"（1）（2）…"；阿拉伯数字与大写金额数字不符等。

（三）基本概念不清或运用错误

如有的估价报告中列出基准地价标准，却没有说明基准地价的内涵是地面价格还是楼面价格。另外，估价报告中常会混淆的概念有"客观收益和实际收益""客观成本和实际成本""估价折旧和会计折旧"等。

【课后训练】

指明房地产估价报告中的错误。

××公司办公用房地产估价报告

封面及目录（略）

致委托方函（略）

估价师声明（略）

估价的假设和限制条件（略）

××公司办公用房地产估价结果报告

一、委托方：××公司

二、估价方：××房地产评估有限责任公司

三、估价对象：××公司所有的办公用房地产，估价对象办公用楼建于 1989 年，为 4 层砖混结构，部分为 5 层，总建筑面积 2 075.284m²。估价对象占地 3 444.6m²。

四、估价日期：2011 年 5 月 14 日至 5 月 18 日。

五、估价目的：房地产拍卖。

六、估价时点：2011 年 5 月 14 日。

七、估价依据：（略）

八、估价原则：（略）

九、价值定义：本次估价采用房地产拍卖价格标准。

十、采用的估价方法：根据估价对象概况及估价目的，本估价采用比较法、假设开发法进行综合评估。最后，两种方法综合分析，确定估价对象的最终估价值。

十一、估价结果：2011 年 5 月 14 日估价对象房产总价为人民币 7 992 400 元（大写：人民币柒佰玖拾玖万贰仟肆佰元整）。

十二、估价人员：（略）

十三、估价报告应用的有效期：本评估报告使用期限为 2011 年 5 月 14 日起至 2012 年 5 月 14 日止。

××公司办公用房地产估价技术报告

一、实物状况分析

估价对象建筑物，建于 1989 年，为 4 层砖混结构，部分为 5 层，室内墙壁一般罩白，马赛克楼梯、水磨石地面，室外墙壁贴有瓷砖。该楼现为办公用楼，室内水、卫、电设施齐全，设有供暖系统，总建筑面积 2 075.284m²。

二、区位状况分析

该评估对象（土地）地号 22102－1，位于××市××路××胡同，总占地面积 3 444.6m²，门前有 1 路、7 路、10 路、18 路、102 路、103 路、306 路等公交车经过，交通便利。其西行 50m 为××路，××超市，××长途汽车站，××火车站，××批发市场等均位于这条路上，形成了繁荣的商业景象和良好的市场氛围。估价对象位于××路南侧，××大酒店与之隔路相望；××马路北侧有金台大酒店、银河宾馆等；东行 300m 路南万达广场已完工，这无疑为估价对象提供了增值潜力。此外××路与××路相连，是××市最为繁华的街道，百货大楼、购物广场、商厦都设在这条路上，××路集餐饮、娱乐、购物、旅游于一体，其良好的市场氛围使评估对象拥有得天独厚的地理优势。

三、市场背景分析（略）

四、最高最佳使用分析（略）

五、估价方法选用

根据估价对象的具体情况和估价目的，本报告采用市场法、假设开发法分别进行估价。

六、估价测算过程

1. 市场法

（1）土地。该评估对象与车站相邻，交通便利，商业氛围良好，地理位置优越，在本市属一类一级地段。××市一类一级地段土地市场平均售价为 140 万元/亩。

评估对象土地占地面积：3 444.6m²，折合为 5.17 亩。

土地价格计算如下：

$140 \times 5.17 = 723.8$（万元）

（2）建筑物。该建筑物为办公用楼，建筑面积 2 075.284m²，市场平均售价 600 元/m²（不含楼面地价），建于 1989 年，扣除折旧 24%，运算过程如下：

$600 \times 2\,075.284 \times (1-24\%) = 946\,300$ 元 $= 94.63$（万元）

（3）评估结果。土地评估结果为 723.8 万元；

建筑物评估结果为 94.63 万元；

$723.8 + 94.63 = 818.43$（万元）

该评估对象最后估价结果为 818.43 万元。

2. 假设开发法

估价对象具有潜在的开发价值，故选用假设开发法。

（1）通过调查研究得知这块土地最佳的开发利用方式：

a. 假设其用途为商业办公混合楼；

b. 建筑容积率为 1.5；

c. 建筑覆盖率 25%；

d. 建筑总面积 5 166.9m²；

e. 建筑物层数 6 层；

f. 各层建筑物面积均为 861.15m²；

g. 地上一层为商业用房，总面积为 861.15m²；

h. 地上二层至六层为办公用房，总面积为 4 305.75m²。

（2）预计建设期。预计共需 3 年时间才能完全建造投入使用，即 2014 年 5 月完成。

（3）预计出售楼价。预计商业楼出售时的平均售价为 8 000 元/m²；办公用楼出售时的平均售价为 1 500 元/m²。

（4）估计开发费以及开发商利润：

a. 估计建筑费为 362 万元；

b. 专业费用为建筑费的 5%；

c. 年利息率为 3.5%；

d. 销售费用、税率之和估计为楼价的 8%；

e. 投资利润率为 10%；

f. 在未来 3 年的建设期内，开发费用均匀投入。

（5）求取地价。采用的计算公式为：

$$地价 = 楼价 - 建筑费 - 专业费用 - 利息 - 销售费用 - 税费 - 利润$$

拟采用静态方式试算地价：

a. 总楼价 $= 8\,000 \times 861.15 + 1\,500 \times 4\,305.75 = 13\,347\,800$ 元 $= 1\,334.78$（万元）

b. 总建筑费 $= 362$ 万元

c. 总专业费 $=$ 总建筑费 $\times 5\% = 362 \times 5\% = 18.1$（万元）

d. 总利息 $=$（总地价 $+$ 总建筑费 $+$ 总专业费）$\times$ 利息率 $\times$ 计息期

$= 总地价 \times 3.5\% \times 3 + (362 + 18.1) \times 3.5\% \times 1.5$

$= 总地价 \times 0.105 + 19.96$（万元）

上述总利息的计算采用的是单利，计息期到 2014 年 5 月止。各年建筑费和专业费用的投入实际上是覆盖全年的，但计息时我们是假设建筑费和专业费用的投入为均匀投入。这样，就有上述总利息计算中的计息年数是 1.5。

  e. 总销售费用 + 总税费 = 总楼价 × 8% = 1 334.78 × 8% = 106.78（万元）

  f. 总利润 = (总地价 + 总建筑费 + 总专业费) × 利润率

$$= 总地价 × 10\% + (362 + 18.1) × 10\%$$

$$= 总地价 × 0.1 + 38.01（万元）$$

将上述 a ~ f 代入假设开发法公式中，即

总地价 = 1 334.78 − 362 − 18.1 − (总地价 × 0.105 + 19.96) − 106.78 − (总地价 × 0.1 + 38.01)

    = 655.54（万元）

则评估对象估价结果为：655.54 + 94.63 = 750.17（万元）。

3. 最后估价结果。

采用市场法得出的评估标的房地产的价值为 818.43 万元；

采用假设开发法得出的评估标的房地产的价值为 750.17 万元。

对上述两种方法得出的结论取中间值，得

(818.43 + 750.17)/2 = 784.3（万元），即为评估结果。

七、估价结果确定

占地面积为 3 444.6m²。土地及地上建筑物的拍卖价格为 784.3 万元。

××房地产评估有限责任公司

2011 年 5 月 18 日

第二章

市场法应用案例及分析

【学习目标】

1. 掌握市场法的基本理论及应用要点；
2. 能够正确判定市场法的适用性；
3. 能够运用市场法进行房地产估价。

第一节　市场法理论回顾及应用要点

一、市场法基本含义

市场法是根据与估价对象相似的房地产的成交价格来求取估价对象价值的方法。具体地说，市场法是选取一定数量发生过交易且符合一定条件的与估价对象相似的房地产，然后将它们与估价对象进行比较，对它们的成交价格进行适当的处理来求取估价对象价值的方法。与估价对象相似的房地产，是指与估价对象的区位、用途、权利性质、档次、规模、建筑结构等相同或相似的房地产。发生过交易且符合一定条件的与估价对象相似的房地产，简称可比实例，是指交易实例中交易类型与估价目的吻合、成交日期与估价时点接近、成交价格为正常价格或可修正为正常价格的与估价对象相似的房地产。

市场法的本质是以房地产的市场价格为导向来求取房地产的价值。通常把市场法测算出的价值称为比准价值。

市场法的理论依据是房地产价格形成的替代原理，即在同一个房地产市场上相似的房地产有相近的价格。

二、市场法适用的估价对象及估价需要具备的条件

（一）市场法适用的估价对象

市场法适用的估价对象是数量较多、经常发生交易且具有一定可比性的房地产。例如，住宅，包括普通住宅、高档公寓、别墅等，特别是数量较多、可比性较好的存量成套住宅最适用市场法估价；写字楼；商铺；标准厂房；房地产开发用地。

相应地，那些估价对象是数量较少、不经常发生交易或可比性差的房地产，就不能使用市场法，包括数量很少的房地产，如特殊厂房、机场、码头、博物馆、教堂、寺庙、古建筑等；很少发生交易的房地产，如学校、医院、行政办公楼等；可比性很差的房地产，如在建工程等。

市场法中比较分析的原理和方法，也可用于收益法、成本法、假设开发法中市场租金、经营收入、运营费用、空置率、入住率、报酬率、重置价格、房地产价格各个构成部分（如土地取得成本、建设成本、管理费用、销售费用、销售税费、开发利润等）、开发完成后的房地产价值、开发经营期等的求取。

（二）市场法估价需要具备的条件

市场法估价需要在估价时点的近期有较多类似房地产的交易。房地产市场不够活跃或者类似房地产交易较少的地区，难以采用市场法估价。

在目前房地产交易和登记等信息不够公开透明的情况下，获取房地产交易的真实价格及估价所必要的交易房地产状况等信息，是运用市场法估价的难点。尽管如此，以下情况不能成为不采用市场法估价的理由：估价对象所在地存在较多类似房地产的交易，而由于估价机构和估价师没有努力去搜集交易实例，造成不能采用市场法估价。

值得注意的是，运用市场法估价需要把可比实例的特殊交易情况，如营业税、契税、交易手续费等税费非正常负担造成的可能是不正常的成交价格，修正为正常价格；需要把可比实例在成交日期的价格，调整为在估价时点的价格；需要把可比实例在自身状况下的价格，调整为在估价对象状况下的价格。

三、市场法估价的步骤

（一）搜集交易实例

搜集交易实例，就是搜集大量发生过交易的房地产及其成交价格、成交几期、付款方式等信息。运用市场法估价需要拥有大量的交易实例。只有拥有了估价对象所在地大量的房地产交易实例，才能把握估价对象所在地正常的房地产市场价格行情，保障评估出的估价对象价值更加准确，而不会出现较大误差。因此，估价机构和估价师应努力搜集较多的交易实例。搜集交易实例尽管是市场法估价的一个步骤，但对估价机构和估价师而言，交易实例是一个不断积累的过程，平时就应留意搜集，不能等到采用市场法估价时才去搜集。

（二）选取可比实例

选取可比实例，就是从搜集的大量交易实例中选取一定数量符合一定条件的交易实例。可能搜集到的交易实例或在交易实例库中存储的交易实例较多，但针对具体的估价对象及估价目的和估价时点，其中某些交易实例可能不适用，因此需要从中选取符合一定条件的交易实例为可比实例。

（三）对可比实例成交价格进行处理

根据处理的内涵不同，分为价格换算、价格修正和价格调整。价格换算主要是对可比实例成交价格的表现形式进行处理，使各个可比实例的成交价格之间口径一致、相互可比。这种处理称为建立比较基准。价格修正是把可比实例实际而可能是不正常的成交价格处理成正常价格，即对可比实例实际而可能是不正常的成交价格进行"改正"。这种处理称为交易情况修正。价格调整是对价格"参考系"的调整，即从可比实例"参考系"下的价格调整为估价对象"参考系"下的价格。"参考系"有市场状况和房地产状况两种。这两种处理分别称为市场状况调整和房地产状况调整。因此，该大步骤又分为建立比较基准、交易情况修正、市场状况调整和房地产状况调整四个小步骤。

（四）求取比准价值

求取比准价值，就是把多个可比实例成交价格经过处理得到的多个比准价值综合为一个比准价值。

四、市场法估价应用要点

（一）可比实例选取

1. 选取可比实例的数量要求。

从理论上讲，选取的可比实例越多越好。但如果要求选取的可比实例过多，一是可能由于交易实例的数量有限而难以做到；二是会造成后续处理的工作量很大。因此，从某种意义上讲，选取可比实例主要在于精而不在于多，一般选取 3～10 个可比实例即可。

2. 选取可比实例的质量要求。

可比实例选得是否合适，直接关系到市场法测算结果的准确性，因此应特别慎重。选取的可比实例应符合下列要求：

（1）可比实例房地产应是估价对象的类似房地产。如前所述，估价对象的类似房地产是指与估价对象的区位、用途、权利性质、档次、规模、建筑结构等相同或相似的房地产。因此。选取的可比实例应满足下列要求：

① 与估价对象的区位相近。可比实例与估价对象应在同一地区或同一供求范围内的相似地区。所谓同一供求范围，是指与估价对象有一定的替代关系，价格会相互影响的房地产区域范围。例如，如果估价对象是位于某地方的某个住宅小区内的一套住房，则选取的可比实例最好也位于同一住宅小区；而如果在同一住宅小区内没有合适的交易实例可供选取，则应选取在该地方内在区位、规模、档次等方面与估价对象小区相当的住宅小区内的交易实例。

② 与估价对象的用途相同。这里的用途相同主要指大类用途相同，如果能做到小类用途相同则更好。大类用途一般分为居住、商业、办公、旅馆、工业、农业等。

③ 与估价对象的权利性质相同。当不相同时，一般不能作为可比实例。例如，出让的建设用地使用权与划拨的建设用地使用权的权利性质不同，因此，如果估价对象是出让的建设用地使用权或出让的建设用地使用权土地上的房地产，则应选取出让的建设用地使用权或出让的建设用地使用权土地上的房地产的交易实例，不宜选取划拨的建设用地使用权或划拨的建设用地使用权土地上的房地产的交易实例。

④ 与估价对象的档次相当。档次是指按一定标准分成的不同等级。例如，宾馆划分的五星级、四星级、三星级等；写字楼划分的甲级、乙级等。这里的档次相当主要指在设施设备（如电梯、空调、智能化等）、装饰装修、周围环境等方面的齐全、优劣程度应相当。

⑤ 与估价对象的规模相当。例如，估价对象为一宗土地，则选取的可比实例的土地面积应与该土地的面积大小差不多，既不能过大也不能过小。选取的可比实例规模一般应在估价对象规模的 0.5~2 倍范围内。

⑥ 与估价对象的建筑结构相同。

（2）可比实例的交易类型应与估价目的吻合。房地产交易有买卖、租赁等类型，其中又可分为协议、招标、拍卖、挂牌等方式。因为，不同估价目的的估价，应选取相应类型的交易实例作为可比实例。

（3）可比实例的成交日期应尽量接近估价时点。一般来说，交易实例的成交日期与估价时点相隔 1 年以上的不宜采用，因为在这种情况下，难以进行市场状况调整。

（4）可比实例的成交价格应尽量为正常价格。这是要求可比实例的成交价格是正常价格或可修正为正常价格。

（二）比较基准建立

选取可比实例之后，要对可比实例的成交价格进行换算处理，对价格表达方式进行"标准化"，使它们之间相互可比。一般来说，对带有债权债务的房地产、含有的非房地产成分以及房地产实物范围不同等情况，应统一评估对象的房地产范围。在此基础上，还要统一付款方式、统一价格表示单位、统一币种和货币单位以及统一面积内涵和单位。

（三）交易情况、市场状况和房地产状况的修正

1. 交易情况修正。

交易情况的修正是指将非正常情况下成交形成的可比实例的成交价格修正为正常情况下的价格。一般来说，因为房地产本身的特殊性，使其交易容易受到一些特殊因素的影响，从而使成交价格偏离正常价格。例如，交易双方或某一方对交易对象不够了解或对市场行情不够熟悉的交易、交易双方或某一方对交易对象有特殊偏好的交易、被迫出售或被迫购买的交易、利害关系人之间的交易、交易税费非正常负担的交易、相邻房地产的合并交易等。在选用这些案例作为可比实例时，应对其进行交易情况修正。一般来说，交易情况修正可以采用差额法和百分率法。

2. 市场状况修正。

由于可比实例的成交日期与估价时点不同，房地产市场状况可能由于政策等原因会发生变化，导致估价对象这类房地产的市场供求关系等发生变化，进而即使是同一房地产在这两个不同时间的价格也会有所不同。因此，应将可比实例在成交日期的价格调整到在估价时点的价格。这就是市场状况调整，也称为交易日期调整。市场状况调整的关键是把握估价对象或可比实例这类房地产的市场价格自某个时期以来的涨落变化、变动的规律，据此再对可比实例成交价格进行市场状况调整。市场状况调整的具体方法，可采用价格指数或价格变动率，也可采用时间序列分析。

3. 房地产状况修正。

房地产差异性很大，没有两宗一模一样的房地产。而房地产的状况是决定房地产价格的关键因素，因此要把可比实例在自身状况下的价格，调整为在估价对象状况下的价格，即进行房地产状况修正。一般来说，房地产状况修正可分为实物状况修正、权益状况修正和区位状况修正。在这三种修正中，还应进一步分解为若干因素的修正。

房地产状况修正有两个思路：一个是以估价对象为基准，将可比实例状况与估价对象状况进行直接比较。还有一个就是设定一种"标准房地产"，以该标准房地产状况为基准，将可比实例状况与估价对象状况进行间接比较。相对应的房地产状况修正的方法可以有直接比较法和间接比较法。房地产状况修正的关键是确定对估价对象这类房地产的价格有影响的各种房地产自身因素，包括实物因素、权益因素和区位因素。不同使用性质的房地产，影响其价格的因素是不尽相同的。注意同一使用性质的房地产，各种影响因素对价格的影响程度不同；不同性质的房地产，即使某些价格影响因素相同，但是这些因素对价格的影响方向和程度也不一定相同。在具体各因素的修正上，可以采用百分率法或差额法进行修正。

（四） 比准价格的求取

可比实例的成交价格进行交易情况、市场状况、房地产状况三大方面的修正和调整，这三大方面的修正和调整综合在一起，就会得到相应的一个比准价值。但这些比准价值通常是不同的，从而需要把他们综合成一个比准价值，以此作为市场法的测算结果。一般来说，将多个可比实例比准价格综合的方法主要有平均数法、中位数法和众数法。

第二节　市场法应用商业物业市场价值估价案例及分析

一、案例及估价对象基本情况[①]

（一） 估价案例的委托人和估价目的

1. 估价案例的委托人。

本次选用的估价案例的委托人为 ***有限公司，为法人。

2. 估价案例的估价目的。

为委托方向银行确定物业抵押贷款额度提供参考依据而评估其抵押物业的市场价值。

（二） 估价案例的委托时间及估价机构的作业时间

估价委托方没有对价值时点提出具体要求，估价机构受委托后于 2006 年 11 月 10 日派估价人员对估价对象进行了现场查勘，因此价值时点依据现场查勘日定为 2006 年 11 月 10 日。

---

① 本案例闫旭东. 2007 房地产土地估价报告选编 ［M］. 北京：地质出版社，2007. 有删改。

（三） 估价对象的基本情况

1. 实物情况。

估价对象位于北京市西城区×××号楼。房屋用途为商业，估价对象所在的建筑物总层数为13层，建成于1999年。一层南面为×××的营业厅，一层北面为×××收费中心，二层为×××的办公区和VIP房，建筑面积为1 569.76平方米，钢混结构，具体装修情况为：一层外立面为玻璃幕墙及大理石贴面，二层外立面为玻璃幕墙和铝扣板贴面。一层营业厅装修为：地面铺水磨石、墙为白色大理石贴面、石膏板吊顶、灯池、镶栏栅格日光灯、大门入口装玻璃门；二层办公区装修为：地面铺水磨石、乳胶漆墙面、石膏板吊顶、走廊配筒灯、房间内镶栏栅格日光灯、木包门、木包窗；VIP房装修为：地面铺复合木地板和地毯、乳胶漆墙面、石膏板吊顶、房间内镶栏栅格日光灯、木包门、木包窗；卫生间装修为：地面铺瓷砖、墙面贴瓷砖、铝扣板吊顶、大理石台面、洁具、设有蹲、坐便器。

外墙为贴砖（涂料），室内地面地砖、墙面涂料、天花矿棉板吊顶、防盗门、塑钢窗，大厅地面铺地砖、墙面乳胶漆，楼梯间地面为水泥地、铁栏杆扶手。设备设施状况为：暗装供水供电、管道气，配有电话线路、有线电视、宽带，有保安、清洁、绿化、地上、地下停车场等服务及配套设施。现场查勘时空置。估价时点时估价对象权利状况清晰，为委托人单独所有的办公用途商品房。

2. 区位情况。

（1）位置状况。估价对象位于北京市×××号楼，附近有多个住宅小区，多条公交车经过，并有×××大厦、口腔医院、南城墙遗址公园、邮政、银行等各种服务设施。各住宅小区内住宅楼地上一二层多作为配套商业，对外销售或出租。

（2）交通状况。估价对象地上设有停车位，车位满足使用需要。出入可利用交通工具有多路公共汽车，且临近地铁，交通较便利。没有其他交通管制的情况。

（3）环境状况。估价对象位于北京市。就自然环境而言，北京的气候为典型的北温带半湿润大陆性季风气候，夏季高温多雨，冬季寒冷干燥，春、秋短促。降水季节分配很不均匀，全年降水的80%集中在夏季。就人文环境而言，估价对象邻近多个住宅区，其中有三个高档住宅，附近配套完善。

（4）外部配套设施状况。

① 基础设施：估价对象宗地内外均已实现七通（通路、通电、通讯、通上水、通下水、通暖气、通燃气）一平（场地平整），基础设施完善。

② 公共服务设施：附近有并有×××大厦、口腔医院、南城墙遗址公园、邮政、银行等各种服务设施，且有多路公共交通设施，公共服务及交通设施配套较完善。

总体而言，该区域商业氛围较好，人文、自然环境较好，公共配套齐全、交通便捷，区域内商业物业交投活跃、出租率较高，租金呈稳中有升态势。

3. 权益情况。

估价对象所在建筑物土地使用权为有偿出让方式获取。委托方将一层北面出租给北京市×××征收稽查处作为×××收费中心，承租方负责内部装修。配有中央空调系统、自动消防报警系统等。

二、估价方法选用

可以把估价目的、估值定义、估价方法说明+第一部分案例基本情况（这里可以简述+市场背景分析部分内容+价值定义）等与方法选用相关的信息在这里介绍，落脚点其实是为什么选择此种方法进行估价。

（一）估价技术路线分析

从评估的技术路线来看，估价对象为一幢建筑物中的一二层，适合直接评估房地产合一的市场价值。根据物业的特点选取合理的评估方法得出评估对象的市场价值。

（二）估价对象状况分析

估价对象为商业房地产，并取得了《房屋所有权证》，产权状况、估价范围都清楚明确。该类房地产附近数量较多，而且由于需求旺盛经常发生交易，适合用市场法进行估价。

（三）估价对象房地产市场分析

2000 年以来，北京商业步入持续快速发展阶段，在规模继续扩大的同时，内部结构不断优化，增长方式开始转变，运行质量有所提高。

2005 年，连锁经营已覆盖商业、餐饮业、服务业三大领域 85 个业种，商业、餐饮连锁企业达到 188 家，店铺 5 973 家，实现零售额 950.7 亿元，占全市零售额的 32.8%，5 年提高了 20.8 个百分点，企业规模、行业组织化水平和市场集中度明显提升；物流配送业健康发展，重点公共物流区建设进展顺利，第三方物流企业和连锁企业配送中心快速发展，物流配送能力明显增强，促进了流通效率的不断提高。

"十一五"期间，商业布局随着北京城市空间发展战略调整逐步向东部、东南部转移。中心城区以存量资源的整合、配套、提升为主，不适于在中心城区发展的商业业种和业态逐步向城市外围迁移。适应居民消费结构持续升级、生活品质不断提高的新形势，家务劳动逐步社会化，休闲消费、体验消费不断增长，新型服务业将大量涌现，生活服务业趋向个性化、精细化，商务、生产服务趋向标准化。餐饮业高速发展，整体水平大幅度提高，并呈多元化发展趋向。连锁商业市场覆盖面将继续扩大，大型连锁企业市场主导地位将得到巩固和增强，市场集中度进一步提高，运营效率进一步改善。

为完成"十一五"总体目标，北京市将进一步加强社区商业设施建设的分类指导。已建成社区重点整合商业存量资源，通过重新调整合理配置来提升社区商业服务潜力。

综上所述，利用住宅楼的底商部分从事经营，既符合北京市"十一五"规划要求，又能达到提高房地产利用效率、完善配套服务设施、居民消费更加便利的要求，因此底商市场的发展前景较好。

北京市商业房地产市场过去 3 年的发展状况及未来的发展趋势见表 2-1、表 2-2和图 2-1。

表 2 – 1   北京市 2004 ~ 2006 年商业房地产市场指标

各项市场指标	2004 年	2005 年	2006 年
存量（万平方米）	165.05	228.65	156.17
新增供应量（万平方米）	68.59	105	73.5
吸纳量（万平方米）	41.81	41.4	53.82
月租金报价（元/m²）	84.7	135.52	155.85
月租金实际成交均价（元/m²）	50.4	127.05	146.11
购售均价（元/m²）	8 871.45	15 181	17 458.15
在建项目或拟建项目规模（万平方米）	486.79	496.8	645.84
在建项目或拟建项目报价（售价元/m²，月租金元/m²）	售价 14 219 租金 52.9	售价 15 181 租金 133.4	售价 18 192 租金 159.8

表 2 – 2   北京市 2007 ~ 2009 年商业房地产市场指标预测

各项市场指标	2007 年	2008 年	2009 年
存量（万平方米）	173.42	168.76	171.01
新增供应量（万平方米）	84.53	59.17	62.13
吸纳量（万平方米）	67.28	80.74	68.63
月租金报价（元/m²）	187.02	224.42	258.08
月租金实际成交均价（元/m²）	182.64	219.17	252.05
购售均价（元/m²）	20 949.78	25 139.74	28 910.7
在建项目或拟建项目规模（万平方米）	710.42	745.94	783.24
在建项目或拟建项目报价（售价元/m²，月租金元/m²）	售价 22 740 租金 196.3	售价 25 014 租金 231.2	售价 27 515.4 租金 265.8

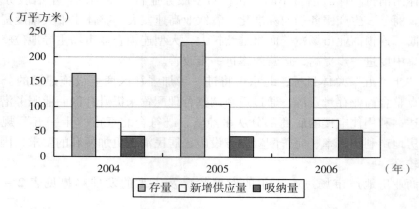

图 2 – 1   北京市 2004 ~ 2006 年商业房地产市场指标柱状图

估价对象所在区域被规划为首都功能核心区，核心区内商业发展以现有设施功能的完善、配套、提升为主，限制新建大型商业设施和小商品市场。这就为该区域的底商市场的发展提供了充足的空间，对该区域内的底商会形成较大的需求，发展趋势良好。加之北京市2008年奥运会的召开，给商业的发展带来了极大的发展契机，同时也为商业房地产市场的开发提供了很大的空间，商业房地产市场的发展进入了快速发展的轨道。

由于2006年底至2008年市区内停止施工的规定，估价对象所在区域内所有在建、待建住宅楼及配套商业项目也将陆续在此之前完工。因此，在今后一两年内，将迎来巨大潜在供应量的井喷式释放。

（四）估价方法选择

一般来说，估价方法主要有市场法、收益法、成本法和假设开发法等。

1. 比较法的适用性分析。

比较法为替代原因，以市场成交价格为导向。估价对象所在区域同类物业在价值时点近期，有较多类似的房地产交易，具有采用比较法的基础条件，因此可以采用比较法对估价对象进行评估。

2. 收益法的适用性分析。

收益法为预期原理，以预期未来收益为导向。据实地查勘及相关调查估价对象现状为出租，且所在区域租赁市场较为活跃，如果交易，将具有较为稳定的收益。因此，估价对象具有潜在收益性及长期经营的可能条件，结合当前的北京市经济社会发展情况及商业物业市场趋势分析，估价对象未来收益和风险具有一定的可预测性。因此，适宜采用收益法估价。

3. 成本法的适用性分析。

成本法以生产费用价值论、重新开发建筑成本为导向，适用对象为：独立开发建设项目进行重新开发建设的、很少发生交易的房地产、没有收益或没有潜在收益的房地产。估价对象为已建成且已居住多年的办公物业，不需要重新开发建设，因此不适宜采用成本法估价。

4. 假设开发法的适用性分析。

假开法是预期原因，以预期未来收益为导向。适用于估价对象具有开发或再开发潜力，能够正常判断估价对象最佳开发利用方式、能够正确预测估价对象开发完成的价值。估价对象为已建成且已使用多年的办公物业，不具备再开发条件，因此不适宜采用假设开发法。

案例中，估价师通过分析估价对象的特点和实际状况，并研究了估价委托方提供的资料及注册房地产估价师掌握的资料，结合实地查勘和市场调研的结果可知，估价对象所处区域的商业房地产交易市场较为活跃且交易实例较多，交易和登记等信息公开透明。估价师认为，采用比较法、收益法对股价对象进行评估比较适宜。本教材在此重点介绍市场法应用。

三、估价方法应用及其要点

（一）估价公式的确定

选取一定数量的可比案例，将它们与估价对象进行比较，根据其间的差异对可比案例成交价格进行处理后得到的估价对象价值或价格。

基本公式：比准价格＝可比案例价格×交易情况修正系数×市场状况调整系数×交易方式修正系数×区位状况修正系数×实物状况修正系数×权益状况修正系数。

（二） 估价可比案例的选择

本次估价，通过房地产中介、房地产网络、实地调查和电话调查询价等途径，根据估价对象所处区位和特点，选择了用途、交易日期、交易方式、区域因素和个别因素比较接近的三个市场挂牌案例。

1. 估价交易案例主要获取途径。

（1）查阅有关政府职能部门的房地产交易资料；

（2）查访房地产中介，获得房地产特性及有关交易条件；

（3）查访房地产交易经办人，了解多方信息；

（4）查阅相关报刊及相关资料。

2. 估价选择交易案例的条件。

（1）与估价对象具有相同的用途，均为商业；

（2）与估价对象估价目的交易类型相同，均为买卖交易；

（3）与估价对象邻近或在同一供需圈；

（4）属于正常交易；

（5）可以进行日期修正，交易时间与估价对象的价值时点接近；

（6）区域及个别条件相近，可以进行区域因素和个别因素比较、修正。

3. 案例情况。

根据替代原则，小陆等人选取了3个比较案例。

案例 A：×××西花市大街 *** 购物中心，钢混结构，配套商业用途，交易单价30 000元/平方米，交易时间2006年8月，建筑面积360平方米。

案例 B：×××广渠门内大街东花市南里 *** 园，钢混结构，配套商业用途，交易单价32 000 元/平方米，交易时间2006年9月，建筑面积320平方米。

案例 C：×××广渠门桥西300米路北 *** 园，钢混结构，写字楼用途，地上一层交易单价33 000 元/平方米，交易时间2006年10月，建筑面积207.83平方米。

三个案例所在建筑物的具体情况见表2-3。

表2-3　　　　　　　　　　　　　可比实例基本情况

项目名称	*** 中心	*** 园	**** 园
项目地址	**** 大街	广渠门内大街 ****	广渠门桥西 **** 米路北
项目照片	（略）	（略）	（略）
总建筑面积（m²）	100 000	20 000	120 000
建成年代	2005 年	2005 年	2006 年

土地与建筑物状况	土地达"七通一平"；钢混结构，地上共14层，其中地上一层为底商，璃幕墙及外墙砖相间饰面，中央空调、监控系统、消防报警系统、电话及宽带等	土地达"七通一平"；钢混结构，地上共8层，其中地上一层、地下一层、二层为底商，璃幕墙及高档瓷砖贴面，室内精装修，中央空调、监控系统、消防报警系统、电话及宽带等	土地达"七通一平"；为钢混结构，地上共12层，其中地上一层和地下一层为底商，璃幕墙及条形砖相间饰面，室内精装修，中央空调、监控系统、消防报警系统、电话及宽带等
成交总价（万元）	1 080	1 024	1 058.71
成交单价（元/m²，建筑面积）	30 000	32 000	地上一层：33 000 地下一层：15 000
交易费用	买方：332 025 元（契税3%，交易手续费7元/平方米，印花税0.05%，以及工本费5元/本，所有权登记费100元/宗）；卖方：601 920元（交易手续费7元/平方米，印花税0.05%，营业税及附加5.5%）	买方：314 665 元（契税3%，交易手续费7元/平方米，印花税0.05%及工本费5元/本，所有权登记费100元/宗）；卖方：570 560 元（交易手续费7元/平方米，印花税0.05%，营业税及附加5.5%）	买方：326 207 元（契税3%，交易手续费7元/平方米，印花税0.05%及工本费5元/本，所有权登记费100元/宗）；卖方：590 779 元（交易手续费7元/平方米，印花税0.05%，营业税及附加5.5%）
成交时间	2006 年 8 月	2006 年 9 月	2006 年 10 月
所在楼层	地上一层	地上一层	地上一层 地下一层
成交可出租面积（m²，建筑面积）	360	320	地上 207.83 地下：248.58
成交时所在大楼出租率（%）	70	85	50
成交时所在楼层出租率（%）	70	85	50
成交时租户平均月租金单价（元/m²，不含管理费）	无装修，174	已装修，144	已装修 地上一层：210 地下一层：60
成交时年管理费单价（元/m²）	66	34	42
特殊说明实项			本项目今年建成，底商于10月起开始现房租售，故出租率较低

案例综合分析：上述三案例均为与估价对象相近的房地产三级市场正常挂牌案例，均为商业出售，经注册房地产估价师对挂牌案例进行仔细甄别与分析，认为上述三个案例用途、交易日期、交易方式、区域因素和个别因素与估价对象相近，故估价师认为此三个挂牌案例可作为此次评估的案例。

（三）估价相关主要参数的确定

1. 确定影响因素。

通过对房地产市场的分析，根据影响商业房地产价格的主要因素确定比较因素。结合估价师收集的资料，确定交易情况、交易日期、房地产状况三方面的因素为可比因素，其中房地产状况中的区位状况和实物状况具化为区域因素和个别因素，权益状况也作为个别因素考虑。具体如下：

（1）交易情况：考虑交易情况是否正常对房价的影响。是指交易行为中是否包含特殊因素，并排除这些特殊因素造成的价格偏差。

（2）交易日期（市场状况）调整：消除成交日期的市场状况与价值时点的市场状况不同造成的价格差异，将可比案例在其成交日期的价格调整为估价时点的价格，并应在调查及分析可比实例所在地同类房地产价格变动情况的基础上，采用可比实例所在地同类房地产的价格变动率或价格指数进行调整。

（3）区域因素：考虑区域因素不同房价存在差异而进行的修正。具体包括距市中心距离、繁华度、交通便捷程度、公共配套设施完善程度、环境质量状况、区域规划发展方向等因素。

（4）个别因素：房地产状况调整应消除可比实例实物状况与估价对象实物状况不同造成的价格差异，包括建筑结构、建筑外观设计及材料、工程质量、地质状况、平面布置、设施设备完善程度、装修情况、周边景观、物业管理、楼层、所在楼层产权状况、成交规模（m²）、综合成新率等。

2. 可比实例及影响因素说明。

根据已有资料，将估价对象与可比案例的状况列表表示，见表 2-4。

表 2-4 比较因素条件说明

项目			估价对象	案例 A	案例 B	案例 C
交易单价（元/m²）			待估	30 000	32 000	33 000
交易情况			正常	正常	正常	正常
交易日期			2006 年 11 月	2006 年 8 月	2006 年 9 月	2006 年 10 月
区域因素		距市中心距离	2.9 千米	3.2 千米	3.3 千米	3.4 千米
		繁华度	一般	较高	较高	较高
	交通便捷程度	临路类型	临主干路	临次干路	临次干路	临次干路
		距公交站点距离	约 100 米	约 50 米	约 50 米	约 50 米

	项目	估价对象	案例 A	案例 B	案例 C
区域因素	公共配套设施完善程度	周围有银行、邮局、商场等配套设施,较完善	周围有银行、邮局、商场等配套设施,较完善	周围有银行、邮局、商场等配套设施,较完善	周围有银行、邮局、商场等配套设施,较完善
	环境质量状况	一般	一般	较好	较好
	区域规划发展方向	商业功能核心区	商业功能核心区	商业功能核心区	商业功能核心区
个别因素	建筑结构	钢混	钢混	钢混	钢混
	建筑外观设计及材料	外墙一层为玻璃幕墙和大理石贴面,外观设计较好	地上一层玻璃墙及条形砖,外观设计一般	地上一层为玻璃幕墙及高档瓷砖贴面,外观设计较好	地上一层玻璃幕墙及条形砖,外观设计一般
	工程质量	一般	较好	较好	较好
	地质状况	较好	较好	较好	较好
	平面布置	设计合理	设计合理	设计合理	设计合理
	设施设备完善程度	中央空调系统、自动消防报警系统,电话及宽带,较完善	中央空调、监控系统、消防报警系统、电话及宽带,完善	中央空调、监控系统、消防报警系统、电话及宽带,完善	中央空调、监控系统、消防报警系统、电话及宽带,完善
	装修情况	中档装修	无装修	中档装修	简单装修
	周边景观	一般	一般	一般	一般
	物业管理	一般	较好	较好	好
	楼层	地上一层	地上一层	地上一层	地上一层
	所在楼层产权状况	属同一产权人,产权状况较好	地上一层属不同产权人,产权状况一般	地上一层属不同产权人,产权状况一般	地上一层属不同产权人,产权状况一般
	成交规模（m²）	1 569.76	360	320	207.83
	综合成新率	建成于1999年,目前维护状况良好,综合成新率90%	建成于2005年,目前维护状况较好,综合成新率98%	建成于2005年,目前维护状况较好,综合成新率为98%	建成于2006年,维护状况较好,综合成新率为99%

3. 编制比较因素条件指数表。

根据本次评估运用比较法时所选择的比较因素，在编制房地产状况指数时，由估价师根据市场交易情况，确定指数修正程度。

确定房地产估价影响因素修正系数，编制比较因素条件指数表和比较因素修正系数表，求取比准价格。

小陆等人根据估价对象与比较案例的差异，以估价对象的各因素条件为基础，指数均设定为100，确定比较案例各因素的相应指数，比较因素指数确定如下：

（1）交易情况修正。比较案例均为正常市场交易，故估价对象与比较案例指数均为100。

（2）交易日期修正。根据北京市2004～2006年商业房地产市场指标统计，并结合估价人员对估价对象所在区域商业房地产市场调查，确定地上商业房地产部分交易日期修正指数均为100。

4. 区域因素及个别因素修正系数。

（1）区域因素。

① 距市中心距离：以估价对象距市中心距离为100，各比较案例与之相比，每增加或减少1 000米，指数相应减少或增加2。

② 繁华度：分为繁华度高、繁华度较高、繁华度一般、繁华度较低、繁华度低五个级别，将估价对象所在区域繁华度指数设为100，各比较案例与之相比每上升或下降一个等级，因素指数上升或下降3。

③ 交通便捷程度：将临路类型分为主干路、次干路、支路及巷道四个级别，以估价对象临路类型为100，各比较案例与之相比，每上升或下降一个级别，指数相应增加或减少1，以估价对象距公交站点距离为100，各比较案例与之相比，每增加或减少50米，指数相应减少或增加1。

④ 公共配套设施完善程度：分为完善程度高、完善程度较高、完善程度一般、完善程度较低、完善程度低五个级别，将估价对象所在区域公共配套设施完善程度指数设为100，各比较案例与之相比，每上升或下降一个等级，因素指数上升或下降2。

⑤ 环境质量状况：分为环境质量好、环境质量较好、环境质量一般、环境质量较差、环境质量差五个级别，将估价对象所在区域环境质量状况指数设为100，各比较案例与之相比，每上升或下降一个等级，因素指数上升或下降2。

⑥ 区域规划发展方向：将办公、商业、居住、工业四种主要发展方向定为四个级别，以估价对象所在区域规划发展方向指数为100，各比较案例与之相比，每上升或下降一个等级，因素指数上升或下降2。

（2）个别因素。

① 估价对象与各比较案例建筑结构相同，故估价对象与比较案例指数均为100。

② 建筑外观设计及材料：分为好、较好、一般、较差、差五个级别，将估价对象建筑外观设计及材料指数设为100，各比较案例与之相比，每上升或下降一个等级，因素指数上升或下降1。

③ 工程质量：分为好、较好、一般、较差、差五个级别，将估价对象工程质量指数设为100，各比较案例与之相比，每上升或下降一个等级，因素指数上升或下降2。

④ 地质状况：分为好、较好、一般、较差、差五个级别，将估价对象地质状况指数设为100，各比较案例与之相比，每上升或下降一个等级，因素指数上升或下降2。

⑤ 平面布置：分为设计合理、设计一般、设计较差三个级别，将估价对象平面布置指数设为100，各比较案例与之相比，每上升或下降一个等级，因素指数上升或下降2。

⑥ 设施设备完善程度：分为完善、较完善、一般三个级别，将估价对象设施设备完善程度指数设为100，各比较案例与之相比，每上升或下降一个等级，因素指数上升或下降2。

⑦ 装修情况：分为高档装修、中档装修、普通装修、简单装修、无装修五个级别，将估价对象装修情况指数设为100，各比较案例与之相比，每上升或下降一个等级，因素指数上升或下降2。

⑧ 周边景观：分为好、较好、一般、较差、差五个级别，将估价对象周边景观指数设为100，各比较案例与之相比，每上升或下降一个等级，因素指数上升或下降1。

⑨ 物业管理：分为好、较好、一般、较差、差五个级别，将估价对象物业管理指数设为100，各比较案例与之相比，每上升或下降一个等级，因素指数上升或下降2。

⑩ 楼层：商业房地产楼层位置对于房地产价格的影响较大，以估价对象所在地上一层指数为100，因可比案例 A、B、C 与估价对象所处楼层相同，故因素指数均为100。

⑪ 成交规模：考虑到估价对象和比较案例的规模差异，根据估价人员对近几年估价对象同类项目大单与小单成交项目交易价格规模差异的调查，并结合估价师评估经验，以估价对象规模指数为100，根据对比较案例的实际调查，确定比较案例因素指数 A、B 为107，比较案例 C 为108。

⑫ 所在楼层产权状况：考虑到估价对象和比较案例所在楼层的产权状况对估价对象和比较案例整体价值的影响，将所在楼层产权状况分为产权状况复杂、较复杂、一般、较好、好五个级别，以估价对象规模指数为100，各比较案例与之相比，每上升或下降一个等级，因素指数上升或下降2。

⑬ 综合成新率：根据估价对象及比较案例的建成年代及维护状况确定综合成新率，将估价对象综合成新率指数设为100，各比较案例与之相比，每上升或下降2%，因素指数上升或下降1。

根据房地产状况说明表中的估价对象与可比实例的因素情况，编制因素条件指数见表2-5。

表 2-5　　　　　　　　　　　　比较因素条件指数

项　　目		估价对象	案例 A	案例 B	案例 C
交易单价（元/m²）		待估	30 000	32 000	33 000
交易情况		100	100	100	100
交易日期		100	100	100	100
区域因素	距市中心距离	100	99.4	99.2	99
	商业繁华度	100	103	103	103
	交通便捷程度　临路类型	100	99	99	99
	距公交站点距离	100	101	101	101

项　目		估价对象	案例 A	案例 B	案例 C
区域因素	公共配套设施完善程度	100	100	100	100
	环境质量状况	100	100	102	102
	区域规划发展方向	100	100	100	100
个别因素	建筑结构	100	100	100	100
	建筑外观设计及材料	100	99	100	99
	工程质量	100	102	102	102
	地质状况	100	100	100	100
	平面布置	100	100	100	100
	设施设备完善程度	100	102	102	102
	装修情况	100	94	100	96
	周边景观	100	100	100	100
	物业管理	100	102	102	104
	楼层	100	100	100	100
	所在楼层产权状况	100	107	107	108
	成交规模（建筑面积）	100	98	98	98
	综合成新率	100	104	104	104.5

5. 因素修正计算表。

在因素条件指数表的基础上，将估价对象的因素条件指数与可比实例的因素条件指数进行比较，得到各比较因素修正系数，见表 2 – 6。

表 2 – 6　　　　　　　　　　比较因素修正系数

项　目			案例 A	案例 B	案例 C
交易单价（元/m²）			30 000	32 000	33 000
交易情况			100/100	100/100	100/100
交易日期			100/100	100/100	100/100
区域因素	距市中心距离		100/99.4	100/99.2	100/99
	商业繁华度		100/103	100/103	100/103
	交通便捷程度	临路类型	100/99	100/99	100/99
		距公交站点距离	100/101	100/101	100/101

	项　　目	案例 A	案例 B	案例 C
区域因素	公共配套设施完善程度	100/100	100/100	100/100
	环境质量状况	100/100	100/102	100/102
	区域规划发展方向	100/100	100/100	100/100
个别因素	建筑结构	100/100	100/100	100/100
	建筑外观设计及材料	100/99	100/100	100/99
	工程质量	100/102	100/102	100/102
	地质状况	100/100	100/100	100/100
	平面布置	100/100	100/100	100/100
	设施设备完善程度	100/102	100/102	100/102
	装修情况	100/94	100/95	100/96
	周边景观	100/100	100/100	100/100
	物业管理	100/102	100/102	100/104
	楼层	100/100	100/100	100/100
	成交规模（建筑面积）	100/107	100/107	100/108
	所在楼层产权状况	100/98	100/98	100/98
	综合成新率	100/104	100/104	100/104.5
比准价格（元/m²）		27 210.36	26 533.87	27 898.35

6. 估价结果的确定。

待估对象通过与三个可比实例分别进行比较，得到的比准价格结果相差不大，根据当地市场实际情况并结合估价师经验，取三者的算术平均值作为待估房地产的平均售价，即：

（27 210.36 + 26 533.87 + 27 898.35）÷ 3 = 27 214.2（元/m²）（保留小数点一位）。

（四）估价结果确定

1. 估价方法的应用评价。

根据《房地产估价规范》及估价对象本身的特点，本次估价采用了比较法进行测算。根据上述估价过程，比较法为较适宜的评估方法。

比较法评估结果是一种比准价格，估价对象区域内房地产挂牌案例较多，交易市场较发达，可操作性较强。比较法有其理论基础，运用比较法修正的估价结果与其实际房地产价格较为接近，代表市场对房地产的需求及其真实价值。

2. 评估单价的确定。

本抵押估价报告对估价对象采用了比较法进行评估，委估物业所在片区商业物业市场发育比较充分和成熟，售价市场化程度较高，因此比较法测算的结果能反映客观的市场价格。采用比较法进行了距市中心距离、产权情况等情况修正，考虑因素较为全面。综合以上考虑，再结合估价对象的法定用途及实际情况，确定比较法得出的算术平均值作为评估对象的评估结果。

则估价对象位于北京市 *** 区 **** 房地产于价值时点的评估单价为 27 214.2 元/平方米（取整到百位）。

评估净值 = 评估单价 × 建筑面积

$$= 27\ 214.2 \times 1\ 569.76$$

$$= 42\ 719\ 800\ （元）（取整到百位）$$

采用比较法测算估价对象位于北京市通州区 **** 街 *** 号 1 层 **** 房地产于价值时点的评估总价为 42 719 800 元（大写人民币肆仟贰佰柒拾壹万玖仟捌佰元整）。

3. 估价结果。

估价对象为 *** 公司位于北京市 *** 区 **** 街 ****** 房地产，房屋法定用途为商业，建筑面积为 **** 平方米，在价值时点符合价值类型和满足本抵押估价报告假设与限制条件，且在未设立法定优先受偿权利下的确定估价对象在 2006 年 11 月 10 日的评估单价为：27 214.2 元/平方米，市场价值为人民币 42 719 800 元（大写人民币肆仟贰佰柒拾壹万玖仟捌佰元整）。

（五）变现能力分析及最终抵押价值确定

变现能力是指假定在价值时点实现抵押权时，在没有过多损失的情况下，将抵押房地产转换为现金的可能性。

1. 变现能力分析。

（1）通用性：一般地，流动性和可转换能力强的资产专用性差，通用性强；流动性和可转换能力差的资产专用性强，通用性差。估价对象房屋用途为商业，其建筑形式符合一般商业地产布局需求，故通用性较好。

（2）独立使用性：估价对象商业物业为独立产权并可以独立使用的房屋，故其独立使用性较好。

（3）可分割转让性：估价对象为独立房产，办理了《房屋所有权证》，不可分割转让，其分割转让性差。

（4）房地产的区位：估价对象位于 *** 区 ****，区位较好，周边的市场交易频繁，此区位有利于变现。

（5）房地产的开发程度：估价对象所处的土地，周边基础设施条件良好，完全具备成熟土地的开发条件；**** 街 ** 号为已经开发完成的物业，此开发程度有利于变现。

（6）房地产价值大小：估价对象单套物业的价值量容易被市场接受，有利于变现。

（7）房地产的市场状况：估价对象在价值时点，房地产的市场状况良好，交易、出租均较为活跃，有利于变现。

2. 假设估价对象在价值时点拍卖或变现，抵押房地产拍卖所得价款，一般依下列顺序分配：

（1）支付拍卖抵押房地产的费用；

（2）抵押房地产应缴纳的各种税金；

（3）偿还抵押债权本息及违约金；

（4）赔偿由债务人违反合同而对抵押权人造成的损失；

（5）剩余金额交给抵押人。

3. 建议处置价值的确定。

假设物业进入强制变现程序，房地产变现能力受到处置时点时的市场需求状况、处置要求时间、处置所需费用、具体处置方式、买方心理因素、资产状态等风险因素的综合影响。本评估机构对评估对象在正常清算条件下的处置价值进行了评估，变现系数的选取主要参考以下因素：

（1）快速变现因素：由于评估对象要在有限的时间内处置，处置的时间紧迫，大大短于一般市场交易时间，按市场交易惯例，取加速变现折扣率为5%。

（2）处置费用因素：由于在对评估对象进行清算拍卖过程中可能发生一些拍卖、评估费用支出、交纳相关的税费等，考虑上述因素的影响，取处置费用变现折扣率为8%。

（3）买方心理因素：买方对于清算拍卖资产的购置通常具有一种戒备心理，因此对此类资产存在一种非常规价格的预期，取买方心理因素折扣率为5%。

（4）其他不可预见因素：取其他不可预见因素变现折扣率为2%。

综合以上影响资产变现的因素，取评估对象在正常清算条件下的变现折扣率为20%，变现系数为80%。即：建议处置价值＝正常市场价值×变现系数。

4. 变现时间。

在当前市场条件下，估价对象预计变现时间为半年到一年。

综上所述，估价对象位于北京市 **** 区 ****，所处区域为北京市发展成熟度较高的办公区，周边居住人口密集，繁华程度较好，商业氛围浓厚，交通较便利。估价对象现空置，具有独立使用性，类似房地产在同区域房地产市场上交易、租赁均较为活跃，委估物业的变现能力较好，因受短期强制处分、附带债权关系的负面影响及购买群体受到心理排斥等因素的影响，其可实现的价格比评估的市场价值要低。

四、估价案例总结

（一）估价方法选用

估价对象为商业用途，属于收益性物业，且根据北京市经济社会发展情况和该类型该区域物业租赁市场情况，在方法选择上，除了收益法之外，最适合的方法就是市场法。在选择估价方法的时候，还要考虑估价目的，本次估价案例估价目的是为委托方向银行确定房地产抵押贷款额度提供参考依据而评估房地产市场价值，市场法依据的是替代原理，也就是或类似房地产应有相同或相近的价格，符合公开市场价值的定义。因此，从估价目的看，选择市场法也是合适的。

（二）估价主要参数确定

估价对象用途为商业。影响商业物业价格的主要因素包括区位因素，如地段繁华程度、交通条件和临街状况等；实物因素，如建筑品质及内部格局、楼层、净高、面积和装修等。在运用市场法进行商业物业估价时，难点就是交易实例的选择和修正系数的确定。由于影响商业物业价格的因素很多，因此对估价对象及交易实例的实地查勘显得非常重要，必须详细了解待估商业物业的地段及具体坐落、临街状况、经营业态和内容、建筑及内部格局、楼层、面积、装修、交易方式等因素。此外，在交易实例的选择时还应关注商业物业的交易形式、价格（或租金）内涵等。估价案例在选择可比案例及可比因素时，重点考虑了市场法的要求及估价对象的实际情况，符合操作要求。

（三）不同商业物业市场法估价的因素不同

商业物业是用于出租或经营的房地产。狭义的商业物业主要指用于批发业、零售业的房地产，主要包括百货店、商场、购物中心、商业店铺、超级市场、批发市场、便利店、专卖店、仓储商店等。广义的商业物业还包括酒店、餐饮、娱乐休闲、商务办公等房地产。一般来说，商业房地产根据经营方式的不同可分为出租型和运营型两种。在用市场法进行估价时，商业房地产比较因素的选择一定要符合该估价对象的特点，不同类型的商业房地产所选择的比较因素不同，如商业办公更注重智能化办公条件和能否满足不同公司的办公要求等因素，而零售商业物业更注重临街状况、商业繁华度等因素。

第三节 市场法应用住宅抵押估价案例及分析

一、案例及估价对象基本情况[①]

（一）估价案例的委托人和估价目的

1. 估价案例的委托人。

本次选用的估价案例的委托人为自然人。

2. 估价案例的估价目的。

为委托方向银行确定房地产抵押贷款额度提供参考依据而评估房地产市场价值。

（二）估价案例的委托时间及估价机构的作业时间

估价委托方没有对价值时点提出具体要求，估价机构受委托后于 2016 年 1 月 29 日派估价人员对估价对象进行了现场查勘，因此价值时点依据现场查勘日定为 2016 年 1 月 29 日。

（三）估价对象的基本情况

1. 实物情况。

估价案例位于北京市通州区 **** 号院 **** 号楼 2 至 4 层，小区处于东五环与东六环之间。估价案例所在建筑物总层数为 4 层，为混合结构的板楼式建筑，用途为住宅，估价对象位于 2～4 层，建筑面积为 241.67 平方米，层高 3 米。估价案例装饰装修情况大致如下：外墙为涂料（墙砖），门窗为防盗门、木夹板门和塑钢窗，客厅地面为地砖、墙面为乳胶漆、

---

① 本案例由国众联资产评估土地房地产估价有限公司提供，有删改。

天花板为乳胶漆，卧室地面为实木地板，墙面和天花板也为乳胶漆，厨房地面为地砖、墙面是瓷片到顶、灶台是组合橱柜、吊柜，卫生间地面为地砖、墙面瓷片到顶、普通洗面盆、坐厕，楼梯间地面是地砖、墙面是乳胶漆。估价案例设备设施齐全，暗装供水供电，煤气为管道气，电话线路、有线电视、宽带齐全，有保安、清洁、绿化、地上停车场等服务及配套设施。

估价对象空间布局合理，为2~4层，五室二厅一厨四卫，通风采光较好、保温隔热效果较好，无渗漏情况，一直自用，设施设备维护状况良好。外墙装修完好，内部主体结构保养良好，属于完好房，目测判断成新度约七成新。

总的来说，估价对象建筑结构、室内装修及空间布局均适合做住宅，建筑主体的整体保养程度较好，设施设备的维护状况良好。

2. 权益状况。

根据委托方提供的《房屋所有权证》，估价对象权利人清楚明确，截至价值时点估价对象未设有抵押担保债权，没有设定他项权利，正常使用情况良好，进入市场转让无特殊限定条件。

3. 区位情况。

（1）位置状况。估价案例位于北京市通州区****号院**号楼2~4层1－201，位于通州区潞苑东路与潞苑五街交汇处东南角，处于东五环与东六环之间，距地铁通州北关站约3公里，三面临街，南北朝向。

（2）交通状况。估价对象附近有通2路、通44路、552路、813路、824路、快速直达专线5路等多路公共汽车经过，临估价对象最近的地铁站为通州北关站（地铁六号线），交通较便利。无交通管制情况，地面设有停车位，车位满足使用需要。

（3）环境状况。估价对象所在区域为北京市通州区，自然气候和环境都较好，邻新潮嘉园、珠江丽景家园、龙旺庄、东逸佳苑等住宅物业，附近金融机构林立，有中国工商银行、中国邮政储蓄银行、北京农商银行等多家金融机构，住宅服务繁多，住宅气氛较好。****小区内生活服务设施有人工绿地等，景观较好。

（4）外部配套设施状况。估价案例宗地内外均已实现七通（通路、通电、通讯、通上水、通下水、通暖气、通燃气）一平（场地平整），基础设施完善。附近有物美超市、京客隆、万客联超市、北京工业大学通州分校、北京物资学院、潞河医院、263医院、通州中医院、中国工商银行、中国邮政储蓄银行、北京农商银行等公共配套及多路公共交通设施，公共服务及交通设施配套较完善。

（5）区位状况优劣分析。目前，估价案例所在区域住宅服务繁多，气氛较好，人文、自然环境较好，公共配套齐全、交通便捷，区域内住宅物业交投活跃、出租率较高，租金呈稳中有升态势。

二、估价方法选用

（一）估价技术路线分析

从评估的技术路线来看，估价对象为一幢建筑物中的一宗单元房地产，适合直接评估房地产合一的市场价值。根据物业的特点选取合理的评估方法得出评估对象的市场价值。

（二）估价对象状况分析

估价对象为住宅房地产，并取得了《房屋所有权证》，产权状况、估价范围都清楚明确。该类房地产数量较多，而且由于需求旺盛经常发生交易，适合用市场法进行估价。

（三）估价对象房地产市场分析

2015 年，北京市积极适应经济发展新常态，加快转变发展方式，稳增长、促改革、调结构、惠民生、防风险，首都经济保持了平稳健康发展的良好态势，完成了全年主要目标任务。总体来说，2015 年，北京市传统农业继续收缩，都市型农业稳步发展，工业生产缓中趋稳，企业效益、效率有所提升，第三产业发展向好，企业效益增长较快，固定资产投资低位回升，投资结构有所优化，消费市场运行平稳，网上消费增势强劲，居民消费价格温和上涨，工业生产者价格维持降势，居民收入稳步增长，常住人口增量增速双下降。

2015 年，北京市完成房地产开发投资 4 226.3 亿元，其中：住宅投资完成 1 962.7 亿元，与上年持平；商品房施工面积为 13 095 万平方米，比上年下降 4%。住宅施工面积为 6 314.6 万平方米，下降 9.8%；商品房新开工面积为 2 790.2 万平方米，比上年增长 11.5%。住宅新开工面积为 1 199.2 万平方米，下降 8%；商品房竣工面积为 2 631.5 万平方米，比上年下降 13.8%。住宅竣工面积为 1 378.2 万平方米，下降 23.6%。从这些数据看，2015 年北京市商品住宅房地产总体供给情况有所下降。从住宅销售情况看，住宅销售面积为 1 127.3 万平方米，下降 1.2%。因此，供需基本平衡。从保障性住房和自住型商品房建设情况看，2015 年，北京市保障性住房完成投资 824 亿元，比上年增长 29%。截至 12 月末，保障房施工面积为 3 870.5 万平方米，其中 2015 年新开工面积为 636.6 万平方米，增长 24.9%。保障房竣工面积为 881.8 万平方米，下降 26.6%。北京市自住型商品房完成投资 386.5 亿元，施工面积为 647.8 万平方米，新开工面积为 262 万平方米。从数据看，保障性住房有效引导了住房需求，使供需处于一个更为平衡的趋势。

（四）估价方法选择

一般来说，估价方法主要有市场法、收益法、成本法和假设开发法等。

1. 比较法的适用性分析。

比较法为替代原因，以市场成交价格为导向。估价对象所在区域同类物业在价值时点近期，有较多类似的房地产交易，具有采用比较法的基础条件，因此可以采用比较法对估价对象进行评估。

2. 收益法的适用性分析。

收益法为预期原理，以预期未来收益为导向。据实地查勘及相关调查估价对象现状自用，收益不稳定，不具潜在收益性及长期经营的可能条件，未来收益和风险不能较准确预测，故不适宜采用收益法估价。

3. 成本法的适用性分析。

成本法为生产费用价值论、重新开发建筑成本为导向，适用对象为独立开发建设项目进行重新开发建设的、很少发生交易的房地产，以及没有收益或没有潜在收益的房地产。估价对象为已建成且已居住多年的住宅物业，不需要重新开发建设，因此不适宜采用成本法估价。

4. 假设开发法的适用性分析。

假设开发法是预期原理，以预期未来收益为导向。适用于估价对象具有开发或再开发潜力，能够正常判断估价对象最佳开发利用方式、能够正确预测估价对象开发完成的价值。估价对象为已建成且已居住多年的住宅物业，不具备再开发条件，因此不适宜采用假设开发法。

房地产估价人员深入细致地分析了估价对象的特点和实际状况，并研究了估价委托方提供的资料及估价人员掌握的资料，结合实地查勘和市场调研的结果可知，估价对象所处区域的住宅房地产交易市场较为活跃且交易实例较多，注册房地产估价师认为，宜采用比较法对住宅房地产进行评估比较适宜。综上所述，本次评估采用比较法进行评估。

三、估价方法应用及其要点

（一）估价公式的确定

选取一定数量的可比案例，将它们与估价对象进行比较，根据其间的差异对可比案例成交价格进行处理后得到的估价对象价值或价格的方法。

基本公式：比准价格 = 可比案例价格 × 交易情况修正系数 × 市场状况调整系数 × 交易方式修正系数 × 区位状况修正系数 × 实物状况修正系数 × 权益状况修正系数。

（二）估价可比案例的选择

本次估价，通过房地产报刊信息、房地产网络信息、实地调查和电话调查询价等途径，根据估价对象所处区位和特点，选择了用途、交易日期、交易方式、区域因素和个别因素比较接近的三个市场挂牌案例。

1. 估价交易案例主要获取途径。

（1）查阅有关政府职能部门的房地产交易资料；

（2）查访房地产开发商，获得房地产特性及有关交易条件；

（3）查访房地产交易经办人，了解多方信息；

（4）查阅相关报刊及相关资料。

2. 估价选择交易案例的条件。

（1）与估价对象具有相同的用途，均为住宅；

（2）与估价对象交易类型相同，均为买卖交易；

（3）与估价对象邻近或在同一供需圈；

（4）属于正常交易或可修正为正常交易；

（5）可以进行日期修正，交易时间与估价对象的价值时点接近；

（6）区域及个别条件相近，可以进行区域因素和个别因素比较、修正。

3. 案例情况。

案例 A：****住宅，案例来源为房地产三级市场正常挂牌实例，挂牌时间更新至 2016 年 1 月，挂牌价为 25 743 元/平方米，经过注册房地产估价师市场调查得知议价空间较小，最终以挂牌价的 97% 成交，即成交市场价为 24 971 元/平方米。周边多路公交车经过，区域周围有较成熟农贸市场、超市、医院、学校，为住户生活提供基本保障，生活服务设施齐全。案例的建筑面积为 202 平方米，结构为混合结构，房屋为住宅，房屋总高为 4 层，实例 A 为复式，朝向为南北；房屋装修为简装修（本次评估按普通装修计算）；有物业管理公司实施管理。

实例 B：**** 住宅，案例来源为房地产三级市场正常挂牌实例，挂牌时间更新至 2016 年 2 月，挂牌价为 23 197 元/平方米，经过注册房地产估价师市场调查得知议价空间较小，最终以挂牌价的 97% 成交，即成交市场价为 22 501 元/平方米。周边多路公交车经过，区域周围有较成熟农贸市场、超市、医院、学校，为住户生活提供基本保障，生活服务设施齐全。案例的建筑面积为 172 平方米，结构为混合结构，房屋为住宅，房屋总高为 5 层，实例 B 为复式，朝向为南北；房屋装修为精装修（本次评估按中档装修计算）；有物业管理公司实施管理。

实例 C：**** 住宅，案例来源为房地产三级市场正常挂牌实例，挂牌时间更新至 2016 年 2 月，挂牌价为 25 000 元/平方米，经过注册房地产估价师市场调查得知议价空间较小，最终以挂牌价的 97% 成交，即成交市场价为 24 250 元/平方米。周边多路公交车经过，区域周围有较成熟农贸市场、超市、医院、学校，为住户生活提供基本保障，生活服务设施齐全。案例的建筑面积为 320 平方米，结构为混合结构，房屋为住宅，房屋总高为 4 层，实例 C 为复式，朝向为东西；房屋装修为精装修（本次评估按中档装修计算）；有物业管理公司实施管理。

上述三案例均为与估价对象相近的房地产三级市场正常挂牌案例，均为住宅出售，经注册房地产估价师对挂牌案例进行仔细甄别与分析，认为上述三个案例用途、交易日期、交易方式、区域因素和个别因素与委估物业相近，故估价师认为此三个挂牌案例可作为此次评估的案例。

（三）估价相关主要参数的确定

1. 确定影响因素。

不同城市、城市中不同位置、不同类型、不同使用年限的居住房地产在价格上存在较大差异，因此要准确、客观评估估价对象的价格水平，估价人员必须把握好各种因素对住宅价格产生的影响。根据住宅的特点，一般来说，影响居住房地产价格的主要区位状况包括交通条件、生活服务设施、教育配套设施、环境质量等。影响居住房地产价格的主要实物状况包括建筑结构、类型和等级、设施与设备、建筑质量、装修以及朝向与楼层等。

通过对房地产市场的分析，根据以上影响住宅房地产价格的主要因素确定比较因素。结合估价师收集的资料，参照挂牌案例的房屋用途、交易情况、交易日期、交易方式、区位状况、实物状况和权益状况等差别，估价案例中选择以下因素作为比较因素：

（1）房屋用途：考虑房屋用途存在差异而进行房屋用途修正。

（2）交易情况：考虑交易情况是否正常对房价的影响。是指交易行为中是否包含特殊因素，并排除这些特殊因素造成的价格偏差。

（3）市场状况调整：消除成交日期的市场状况与价值时点的市场状况不同造成的价格差异，将可比案例在其成交日期的价格调整为估价时点的价格，并应在调查及分析可比实例所在地同类房地产价格变动情况的基础上，采用可比实例所在地同类房地产的价格变动率或价格指数进行调整。

（4）交易方式：考虑交易方式不同房价存在差异而进行交易方式修正。

（5）房地产状况调整应消除可比实例状况与估价对象状况不同造成的价格差异，包括区位状况调整、实物状况调整、权益状况调整。

① 区位状况：主要有商服繁华度、交通便捷程度、公共设施配套完备程度、环境景观等。

② 实物状况：主要有楼层、建筑结构、装修情况、朝向、面积、新旧程度等。

③ 权益状况：主要有容积率、剩余使用年期等。

2. 可比实例及影响因素说明。

根据估价师收集的有关资料，估价对象与可比案例的状况见表2-7。

表2-7　　　　　　　　估价对象及估价可比实例房地产状况说明

比较因素	实例	估价对象	案例 A	案例 B	案例 C
地理位置		****	****	****	****
用途		住宅	住宅	住宅	住宅
总层数		4 层	4 层	5 层	4 层
交易情况		正常	正常	正常	正常
交易日期		2016 年 1 月	2016 年 1 月	2016 年 2 月	2016 年 2 月
交易方式		转让	转让	转让	转让
区位状况	商服繁华度	较高	较高	较高	较高
	交通便捷度	较便捷	较便捷	较便捷	较便捷
	公共设施完善度	完善	完善	完善	完善
	环境景观优劣度	较优美	较优美	较优美	较优美
实物状况	楼层	2~4/复式楼层适中	复式/楼层适中	复式/楼层适中	复式/楼层适中
	建筑结构	混合	混合	混合	混合
	朝向	南北	南北	南北	东西
	装修情况	中档装修	普通装修	中档装修	中档装修
	面积	241.67 平方米/面积偏大较适合使用	202 平方米/面积偏大较适合使用	172 平方米/面积偏大较适合使用	320 平方米/面积偏大较适合使用
	新旧程度	较新	较新	较新	较新
权益状况	容积率	符合城市规划	符合城市规划	符合城市规划	符合城市规划
	剩余使用年期	符合法定剩余年限	符合法定剩余年限	符合法定剩余年限	符合法定剩余年限

3. 编制比较因素条件指数表。

根据本次评估运用比较法时所选择的比较因素，在编制房地产状况指数时，由估价师根据市场交易情况，确定指数修正程度。

（1）房屋用途：考虑房屋用途存在差异而进行房屋用途修正。估价对象与三个案例房屋用途均为住宅，根据实际情况，以估价对象房屋用途为基准（100%），因此不做交易方式修正。

（2）交易情况：估价对象与可比实例交易情况均属正常，故不进行交易情况修正。

（3）交易日期：本次评估可比实例交易时间为价值时点近期售价，交易时间非常接近，售价基本无变化，故不进行交易日期修正。

（4）交易方式：估价对象与可比实例交易方式均相同，故不进行交易方式修正。

（5）房地产状况调整包括：区位状况调整、实物状况调整、权益状况调整。

① 区位状况：

A. 商服繁华度：商服繁华度分为高、较高、一般、较低、低五个等级，以估价对象商服繁华程度为基准（100%），相差一个等级，房价修正+/-3%。

B. 交通便捷度：分为便捷、较便捷、一般、不便捷四个等级，以估价对象交通便捷程度为基准（100%），相差一个等级，房价修正+/-3%。

C. 公共设施完善度：根据配套的教育、医疗、卫生、消防等设施的完善程度，分为完善、较完善、一般、不完善四个等级，以估价对象公共设施完善程度为基准（100%），相差一个等级，房价修正+/-5%。

D. 环境景观：分为优美、较优美、一般、较差、差五个等级，以估价对象环境景观为基准（100%），相差一个等级，房价修正+/-2%。

② 实物状况：

A. 楼层：分为楼层适中、楼层较适中、楼层过高（过低）三个等级，以估价对象楼层为基准（100%），相差一个等级，房价修正+/-2%。

B. 建筑结构：分为框架剪力墙结构、框架结构、砖混结构、砖木结构四个等级，以估价对象建筑结构状况为基准（100%），相差一个等级，房价修正+/-3%。

C. 朝向：分为南北和东南、东西和西南、西、东北、北和西北五个等级，以估价对象朝向为基准（100%），相差一个等级，房价修正+/-3%。

D. 装修情况：装修分为毛坯房、普通装修、中档装修和高档装修四个档次，以估价对象装修为基准（100%），相差一个等级，房价修正+/-6%。

E. 面积：分为面积适中适合使用、面积偏大（偏小）较适合使用、面积太大（太小）不适合使用三个等级，以估价对象户型为基准（100%），相差一个等级，房价修正+/-2%。

F. 新旧程度：分为新、较新、一般、较旧、旧五个等级，以估价对象新旧程度为基准（100%），相差一个等级，房价修正+/-2%。

③ 权益状况：

A. 剩余使用年期：根据年期修正公式，将估价对象和可比实例从法定年期修正到剩余使用年期，因估价对象与可比案例均有法定剩余使用年限，故不作修正。

B. 容积率修正：根据容积率修正公式，将估价对象和可比实例进行修正，因估价对象与可比案例均符合城市规划，符合法定容积率，故不作修正。

根据房地产状况说明表中的估价对象与可比实例的因素情况，编制因素条件指数见表2-8。

表 2-8   比较因素条件指数

比较因素		估价对象	案例 A	案例 B	案例 C
总层数		100	100	100	100
交易情况		100	100	100	100
交易日期		100	100	100	100
交易方式		100	100	100	100
区位状况	商服繁华度	100	100	100	100
	交通便捷度	100	100	100	100
	公共设施完善度	100	100	100	100
	环境景观优劣度	100	100	100	100
实物状况	楼层	100	100	100	100
	建筑结构	100	100	100	100
	朝向	100	100	100	97
	装修情况	100	94	100	100
	面积	100	100	100	100
	新旧程度	100	100	100	100
权益状况	容积率	100	100	100	100
	剩余使用年期	100	100	100	100

4. 因素修正计算表。

在因素条件指数表的基础上，将估价对象的因素条件指数与可比实例的因素条件指数进行比较，得到各比较因素修正系数，见表2-9。

表 2-9   比较因素修正系数

比较因素	实例 A	实例 B	实例 C
成交价格	24 971	22 501	24 250
总层数	100/100	100/100	100/100
交易情况修正	100/100	100/100	100/100
交易日期修正	100/100	100/100	100/100

比较因素 \ 实例			实例 A	实例 B	实例 C
交易方式修正			100/100	100/100	100/100
区位状况	商服繁华度	0.25	100/100	100/100	100/100
	交通便捷度	0.30	100/100	100/100	100/100
	公共设施完善度	0.25	100/100	100/100	100/100
	环境景观优劣度	0.20	100/100	100/100	100/100
	小计	1	100/100	100/100	100/100
实物状况	楼层	0.20	100/100	100/100	100/100
	建筑结构	0.20	100/100	100/100	100/100
	朝向	0.15	100/100	100/100	100/97
	装修情况	0.15	100/94	100/100	100/100
	面积	0.15	100/100	100/100	100/100
	新旧程度	0.15	100/100	100/100	100/100
	小计	1	100/99.1	100/100	100/99.55
权益状况	容积率	0.5	100/100	100/100	100/100
	剩余使用年期	0.5	100/100	100/100	100/100
	小计	1	100/100	100/100	100/100
比较系数			1.0091	1.0000	1.0045
比准价格			25 198	22 501	24 359

5. 估价结果的确定。

待估对象通过与三个可比实例分别进行比较，得到的比准价格结果相差不大，根据当地市场实际情况并结合估价师经验，取三者的算术平均值作为待估房地产的平均售价，即：

（25 198 + 22 501 + 24 359）÷3 = 24 000（元/m^2）（取整至百位）。

（四）估价结果的确定

1. 估价方法的应用评价。

根据《房地产估价规范》及估价对象本身的特点，本次估价采用了比较法进行测算。根据上述估价过程，比较法为较适宜的评估方法。

比较法评估结果是一种比准价格，估价对象区域内房地产挂牌案例较多，交易市场较发达，可操作性较强。比较法有其理论基础，运用比较法修正的估价结果与其实际房地产价格较为接近，代表市场对房地产的需求及其真实价值。

2. 评估单价的确定。

本抵押估价报告对估价对象采用了比较法进行评估，委估物业所在片区住宅市场发育比较充分和成熟，售价市场化程度较高，因此比较法测算的结果能反映客观的市场价格。采用比较法进行了位置、剩余使用年限等情况修正，考虑因素较为全面。综合以上考虑，再结合估价对象的法定用途及实际情况，确定比较法得出的算术平均值作为评估对象的评估结果。

估价对象位于北京市通州区 **** 号院 ** 号楼 2～4 层 1－201 房地产于价值时点的评估单价为 24 000 元/平方米（取整到百位）。

评估净值＝评估单价×建筑面积
$$＝24\ 000×241.67$$
$$＝5\ 800\ 100（元）（取整到百位）$$

采用比较法测算估价对象位于北京市通州区 **** 号院 *** 号楼 2～4 层 1－201 房地产于价值时点的评估总价为 5 800 100 元（大写人民币伍佰捌拾万零壹佰元整）。

3. 估价结果。

估价对象为 *** 名下位于北京市通州区 **** 号院 ** 号楼 2～4 层 1－201 房地产，房屋法定用途为住宅，建筑面积为 241.67 平方米，在价值时点符合价值类型和满足本抵押估价报告假设与限制条件，且在未设立法定优先受偿权利下的确定估价对象在 2016 年 1 月 29 日的评估单价为：24 000 元/平方米，市场价值为人民币 5 800 100 元（大写人民币伍佰捌拾万零壹佰元整）。

（五） 变现能力分析及最终抵押价值确定

变现能力是指假定在价值时点实现抵押权时，在没有过多损失的情况下，将抵押房地产转换为现金的可能性。

1. 变现能力分析。

（1）通用性：一般地，流动性和可转换能力强的资产专用性差，通用性强；流动性和可转换能力差的资产专用性强，通用性差。估价对象房屋用途为住宅，其建筑形式符合一般住宅房地产布局需求，故通用性较好。

（2）独立使用性：估价对象住宅物业为独立产权并可以独立使用的房屋，故其独立使用性较好。

（3）可分割转让性：估价对象为独立房产，办理了《房屋所有权证》，不可分割转让，其分割转让性差。

（4）房地产的区位：估价对象位于通州区潞苑南里，区位较好，周边的市场交易频繁，此区位有利于变现。

（5）房地产的开发程度：估价对象所处的土地，周边基础设施条件良好，完全具备成熟土地的开发条件；**** 为已经开发完成的物业，此开发程度有利于变现。

（6）房地产价值大小：估价对象单套物业的价值量容易被市场接受，有利于变现。

（7）房地产的市场状况：估价对象在价值时点，房地产的市场状况良好，交易、出租均较为活跃，有利于变现。

2. 假设估价对象在价值时点拍卖或变现，抵押房地产拍卖所得价款，一般依下列顺序分配：

（1）支付拍卖抵押房地产的费用；

（2）抵押房地产应缴纳的各种税金；

（3）偿还抵押债权本息及违约金；

（4）赔偿由债务人违反合同而对抵押权人造成的损失；

（5）剩余金额交给抵押人。

3. 建议处置价值的确定。

假设物业进入强制变现程序，房地产变现能力受到处置时点时的市场需求状况、处置要求时间、处置所需费用、具体处置方式、买方心理因素、资产状态等风险因素的综合影响。本评估机构对评估对象在正常清算条件下的处置价值进行了评估，变现系数的选取主要参考以下因素：

（1）快速变现因素：由于评估对象要在有限的时间内处置，处置的时间紧迫，大大短于一般市场交易时间，按市场交易惯例，取加速变现折扣率为5%。

（2）处置费用因素：由于在对评估对象进行清算拍卖过程中可能发生一些拍卖、评估费用支出、交纳相关的税费等，考虑上述因素的影响，取处置费用变现折扣率为8%。

（3）买方心理因素：买方对于清算拍卖资产的购置通常具有一种戒备心理，因此对此类资产存在一种非常规价格的预期，取买方心理因素折扣率为5%。

（4）其他不可预见因素：取其他不可预见因素变现折扣率为2%。

综合以上影响资产变现的因素，取评估对象在正常清算条件下的变现折扣率为20%，变现系数为80%。即：建议处置价值＝正常市场价值×变现系数。

4. 变现时间。

在当前市场条件下，估价对象预计变现时间为半年到一年。

综上所述，估价对象位于北京市通州区＊＊＊＊，所处区域为北京市发展成熟度较高的住宅片区，周边居住人口密集，繁华程度较好，商业氛围浓厚，交通便利。估价对象现自用，具有独立使用性，类似房地产在同区域房地产市场上交易、租赁均较为活跃，委估物业的变现能力较好，因受短期强制处分、附带债权关系的负面影响及购买群体受到心理排斥等因素的影响，其可实现的价格比评估的市场价值要低。

四、估价案例总结

（一）估价方法选用

估价对象为住宅用途，根据北京市经济社会发展情况和该类型该区域物业租赁市场情况，在方法选择上，除了收益法之外，最适合的方法就是市场法。在选择估价方法的时候，还要考虑估价目的，本次估价案例估价目的是为委托方向银行确定房地产抵押贷款额度提供参考依据而评估房地产市场价值，市场法依据的是替代原理，也就是或类似房地产应有相同或相近的价格，符合公开市场价值的定义。因此，从估价目的看，选择市场法也是合适的。

（二）估价主要参数确定

估价对象用途为住宅，影响住宅的价格因素有别于商业物业，如在区位因素上，商业物业临街会增值，但是住宅临街会减值；在实物因素上，朝向对住宅价值的影响较高，因此，在运用市场法进行住宅物业估价时，难点也是交易实例的选择和修正系数的确定。由于影响住宅物业价格的因素很多，因此对估价对象及交易实例的实地查勘显得非常重要，必须详细了解待估住宅物业的地段及具体坐落、小区内外环境和公共配套、楼层、朝向、面积、装修等因素。估价案例在选择可比案例及可比因素时，重点考虑了市场法的要求及估价对象的实际情况，符合操作要求。

（三）估价结果确定及变现能力分析

估价案例在经过市场法的测算之后，结合对估价目的及总体分析，采用算数平均法确定了估价结果。一般来说，市场法最后可选择用可比案例价格的平均数、中位数或众数作为估价结果。案例中，三个可比案例情况相似，可选用平均数作为估价结果。求取平均数时，若可比案例与估价对象的可比因素都较为相似，且在规模等因素上相差不大，则可采用算术平均数作为估价结果。估价案例符合这种情况，因此估价结果的确定较为合理。估价案例较为特殊的地方在于其是抵押估价，按照《抵押估价指导意见》的规定，要进行变现能力分析。估价案例按照变现能力分析要求详细分析了估价对象的情况，结论清楚。

【课后训练】

学生分组，根据所在区域选定至少三宗房地产作为估价对象。

1. 判定市场法的适用性。
2. 选出一宗房地产进行实地踏勘，并通过多种途径收集市场法估价所需资料。
3. 运用市场法对选出估价对象进行估价，并形成规范的文本。

第三章

收益法应用案例及分析

【学习目标】

1. 掌握收益法在房地产估价应用中的应用要点；
2. 熟练收益法在房地产估价中的应用公式和参数确定。

第一节　收益法理论回顾及应用要点

一、收益法含义与基本前提

收益法是根据房地产的预期收益来求取估价对象价值或价格的方法，具体是将房地产未来的收益通过报酬资本化和直接资本化的方法得到资产价值。它涉及三个基本要素：（1）房地产的预期收益；（2）折现率或资本化率；（3）房地产取得预期收益的持续时间。因此，能否清晰地把握上述三要素就成为能否运用收益法的基本前提。

因此收益法应用房地产估价中的前提有：

1. 被评估房地产能够产生收益，且收益能够预测。

例如，住宅、写字楼、商店、旅馆、餐馆、游乐场、影剧院、停车场、汽车加油站、标准厂房（用于出租的）、仓库（用于出租的）等房地产，而行政办公楼、学校、公园等公用、公益性房地产因为不能产生收益，所以不能用收益法进行估价。

2. 被评估房地产未来产生的收益所承担的风险能够用货币来度量。

3. 被评估房地产能够产生收益的年限能预测。

二、收益法估价的操作步骤

运用收益法估价一般分为以下5个步骤：（1）选择具体估价方法，即是选择报酬资本化法还是选择直接资本化法；（2）测算收益期或持有期；（3）测算未来收益；（4）确定报酬率或资本化率、收益乘数；（5）计算收益价值。

三、报酬资本化法

报酬资本化法是通过预测房地产在未来的存续期内的净收益，并根据合理的报酬率将其折现来估算房地产价值的方法，是房地产估价中优先选用的方法。在房地产估价应用中具体的情形有以下几种。

报酬资本化法最一般的公式为：

$$V = \sum_{i=1}^{n} \frac{A_i}{(1+Y)^i} \qquad (3-1)$$

净收益每年不变的情况下，有限年的公式为：

$$V = \frac{A}{Y}\left[1 - \frac{1}{(1+Y)^n}\right] \qquad (3-2)$$

净收益每年不变的情况下，无限年的公式为：

$$V = \frac{A}{Y} \qquad (3-3)$$

净收益每年按一定数额递增的情况下，有限年的公式为：

$$V = \left(\frac{A}{Y} + \frac{b}{Y^2}\right)\left[1 - \frac{1}{(1+Y)^n}\right] - \frac{b}{Y} \times \frac{n}{(1+Y)^n} \qquad (3-4)$$

净收益每年按一定数额递增的情况下，无限年的公式为：

$$V = \frac{A}{Y} + \frac{b}{Y^2} \qquad (3-5)$$

净收益每年按一定数额递减的情况下，有限年的公式为：

$$V = \left(\frac{A}{Y} - \frac{b}{Y^2}\right)\left[1 - \frac{1}{(1+Y)^n}\right] + \frac{b}{Y} \times \frac{n}{(1+Y)^n} \qquad (3-6)$$

净收益每年按一定数额递减的情况下，无限年的公式为：

$$V = \frac{A}{Y} - \frac{b}{Y^2} \qquad (3-7)$$

净收益每年按一定比率递增的情况下，有限年的公式为：

$$V = \frac{A}{Y-g}\left[1 - \left(\frac{1+g}{1+Y}\right)^n\right] \qquad (3-8)$$

净收益每年按一定比率递增的情况下，无限年的公式为：

$$V = \frac{A}{Y-g} \qquad (3-9)$$

净收益每年按一定比率递减的情况下，有限年的公式为：

$$V = \frac{A}{Y+g}\left[1 - \left(\frac{1-g}{1+Y}\right)^n\right] \qquad (3-10)$$

净收益每年按一定比率递减的情况下，无限年的公式为：

$$V = \frac{A}{Y + g} \qquad (3-11)$$

净收益在前 t 年有变化，在 t 年后保持不变的情况下，有限年的公式为：

$$V = \sum_{i=1}^{t} \frac{A_i}{(1 + Y)^i} + \frac{A}{Y(1 + Y)^t}\left[1 - \frac{1}{(1 + Y)^{n-t}}\right] \qquad (3-12)$$

净收益在前 t 年有变化，在 t 年后保持不变的情况下，无限年的公式为：

$$V = \sum_{i=1}^{t} \frac{A_i}{(1 + Y)^i} + \frac{A}{Y(1 + Y)^t} \qquad (3-13)$$

预测房地产未来 t 年的净收益分别为 A_1，A_2，$\cdots$，A_t 第 t 年末的价格为 V_t，即有限持有待售的情形。则其现在的价格为：

$$V = \sum_{i=1}^{t} \frac{A_i}{(1 + Y)^i} + \frac{V_t}{(1 + Y)^t} \qquad (3-14)$$

四、直接资本化

（一）直接资本化的含义

直接资本化法是将估价对象未来某一年的某种预期收益除以适当的资本化率或者乘以适当的收益乘数转换为价值的方法。其中，未来某一年的某种预期收益通常是采用未来第一年的，收益的种类有毛租金、净租金、潜在毛收入、有效毛收入、净收益等。资本化率是房地产未来第一年的净收益与其价值或价格的百分比。利用资本化率将未来收益转换为价值的直接资本化法的公式为：

$$V = \frac{NOI}{R} \qquad (3-15)$$

式中：V 为房地产价值；NOI 为房地产未来第一年的净收益；R 为资本化率。

收益乘数是房地产价值或价格与其未来第一年的收益的比值。利用收益乘数将未来收益转换为价值的直接资本化法的公式为：房地产价值＝年收益×收益乘数。

直接资本化中未来第一年的收益有时用当前的收益近似代替。

（二）收益乘数法的种类

用于直接资本化的收益类型主要有潜在毛收入、有效毛收入和净收益，相应的收益乘数有潜在毛收入乘数（PGIM）、有效毛收入乘数（EGIM）和净收益乘数（NIM），相应的收益乘数法有潜在毛收入乘数法、有效毛收入乘数法和净收益乘数法。

资本化率和收益乘数都可以采用市场提取法，通过市场上近期交易的与估价对象的净收益流模式（包括净收益的变化、收益期的长短）等相同的许多类似房地产的有关资料求取。利用市场提取法求取资本化率的公式为：

$$R = \frac{NOI}{V} \tag{3-16}$$

利用市场提取法求取收益乘数的公式为：收益乘数 $= \dfrac{价格}{年收益}$

五、收益法的基本参数

（一）净收益

净收益是净运营收益的简称，是有效毛收入减去由出租人负担的运营费用后的收益。其测算方法有两种。

1. 基于租赁收入测算净收益。

基于租赁收入测算净收益的基本公式为：净收益＝潜在毛租金收入－空置和收租损失＋其他收入－运营费用＝有效毛收入－运营费用。

有效毛收入是潜在毛收入减去空置和收租损失后的收入。潜在毛收入是房地产在充分利用、没有空置和收租损失情况下所能获得的归因于房地产的总收入。住宅、写字楼、商铺等出租型房地产的潜在毛收入，为潜在毛租金收入加上各种其他收入。潜在毛租金收入等于全部可出租面积与最可能的租金水平的乘积。各种其他收入是租赁保证金或押金的利息收入，以及洗衣房、自动售货机、投币电话等的收入。空置的面积没有收入。收租损失是指因承租人拖欠租金等造成的收入损失，包括延迟支付租金、少付租金、不付租金、免租期造成的收入损失。空置和收租损失通常按照潜在毛租金收入的一定比例估算。

运营费用是指维持房地产正常使用或营业的必要支出，包括房地产税、房屋保险费、物业服务费、管理费用、维修费、水电费等。运营费用是从估价角度出发的，与会计上的成本费用有所不同，通常不包含房地产抵押贷款还本付息额、房地产折旧额、房地产改扩建费用和所得税。

2. 净收益不是直接通过租赁收入测算的方式。

（1）商服经营型房地产，应该就经营资料测算净收益，且净收益应为经营收入减去经营成本、经营费用、经营税金及附加、管理费用、财务费用及应归属于商服经营者的利润。

（2）生产型房地产，应根据产品市场价格和原材料、人工费用等资料测算净收益，且净收益应为销售收入减去生产成本、销售费用、销售税金及附加、管理费用、财务费用及应归属于生产者的利润。

（3）自用或尚未使用的房地产，可比照有收益的类似房地产的有关资料按相应方式测算净收益，或通过直接比较法调整得出净收益。

3. 净收益的测算应用要点。

（1）测算净收益时，价值时点为现在，应调查估价对象至少最近 3 年的隔年实际收入、费用或净收益等情况。利用估价对象的资料得出的收入、费用或净收益等数据，应与类似房地产在正常情况下的收入费用或净收益等数据进行比较。当与正常客观的数据有差异时，应进行分析并予以修正。

（2）期末转售收益应为持有期末的房地产转售价格减去转售成本，持有期末的房地产转售价格可采用直接资本化法、比较法等方法来测算。持有期末的转售成本应为转让人负担的销售费用、销售税费等费用和税金。

（3）测算净收益时，应根据净收益过去、现在和未来的变动情况，判断确定未来净收益流量及其类型和对应的收益法公式。

净收益的测算应符合下列规定：除有租约限制且评估出租人权益价值或承租人权益价值中的租金收入外，都应采用正常客观的数据；有租约限制且评估出租人权益价值的，已出租部分在租赁期间应按合同租金确定租金收入，未出租部分和已出租部分在租赁期间届满后应按市场租金确定租金收入；评估出租人权益价值或承租人权益价值时，合同租金明显高于或明显低于市场租金的，应调查租赁合同的真实性，分析解除租赁合同的可能性及其对收益价值的影响。

（二）报酬率

报酬率也称为回报率、收益率，是一种折现率，为投资回报与所投入资本的比率。

1. 报酬率测算方法。

（1）市场提取法。市场提取法是利用与估价对象具有相同或相似收益特征的可比实例的价格、净收益、收益期或持有期等数据，选用相应的报酬资本化法公式，计算出报酬率。

（2）累加法。累加法是以安全利率加风险调整值作为报酬率，安全利率是指没有风险或极小风险的投资报酬率。风险调整值是承担额外风险所要求的补偿，即超过安全利率以上部分的报酬率，应根据估价对象及其所在地区、行业、市场等存在的风险来确定。一个细化的公式为：报酬率＝安全利率＋投资风险补偿率＋管理负担补偿率＋缺乏流动性补偿率－投资带来的优惠率。

（3）投资报酬率排序插入法。该方法是通过找出相关投资类型及其收益率，按风险程度进行比较、判断，以确定投资报酬率。

资本化率宜采用市场提取法确定，其中的综合资本化率还可根据具体情况，选用下列方法确定，一是将抵押贷款资本化率与权益资金资本化率的加权平均数作为综合资本化率：

$$R_0 = MR_M + (1 - M) \cdot R_E \qquad (3-17)$$

二是根据房地产中土地和建筑物的价值构成，将土地资本化率与建筑物资本化率的加权平均数作为综合资本化率：

$$R_0 = L \cdot R_L + B \cdot R_B \qquad (3-18)$$

2. 报酬率测算要点分析。

在房地产估价中，只有当估价对象所处的房地产市场较发达，才适合采用市场提取法，房地产估价规范要求应用时选取不少于三个可比实例。在应用累加法求取报酬率时，安全利率可选用国务院金融主管部门公布的同一时期一年期定期存款年利率或一年期国债年利率，风险调整值的确定可以根据经验判断，在估价实践中多采用经验判断方式。根据其风险情况判断来推算风险调整值。商业性房地产报酬率一般为 7% ~10%，工业性房地产报酬率一般为 6% ~8%，商业性办公、商品住宅性房地产的报酬率一般为 7% ~8%，土地的报酬率在 6% ~7%。根据收益年限的增加、风险的增加，报酬率应相应增加。投资报酬率排序插入法通过从宏观层面来把握房地产与其他投资资产的收益及与风险关系，前提是确定其他投资资产的收益率。在我国应用较少。

（三）收益期限

收益期是指预计在正常市场和运营状况下估价对象未来可获取净收益的时间，收益期一般根据建设用地使用权剩余期限和建筑物剩余经济寿命来估计。建设用地使用权剩余期限是自价值时点起至建设用地使用权使用期限结束时止的时间。建筑物剩余经济寿命是指自价值时点起至建筑物经济寿命结束时止的时间。收益期限的确定有三种情形。

（1）建筑物剩余经济寿命与建设用地使用权剩余期限同时结束。在这种情形下，收益期为建设用地使用权剩余期限或建筑物剩余经济寿命。

（2）建筑物剩余经济寿命早于建设用地使用权剩余期限结束。在这种情形下，房地产的价值等于以建筑物剩余经济寿命为收益期计算的价值，加上自收益期结束时起计算的剩余期限建设用地使用权在价值时点的价值。

（3）建筑物剩余经济寿命晚于建设用地使用权剩余期限结束。房地产的价值等于以建设用地使用权剩余期限为收益期计算的价值，加上建筑物在收益期结束时的价值折算到价值时点的价值。评估承租人权益价值的，收益期为剩余租赁期限。

利用预知未来若干年后价格的公式求取价值，以及收益期较长、难以预测该期限内各年的净收益的，应估计持有期。持有期根据市场上投资者对同类房地产的典型持有时间，以及能够预测期间收益的一般期限来确定，一般为 5 ~ 10 年。

第二节　收益法应用办公用房转让估价案例及分析

一、案例基本情况介绍[①]

A 有限公司拟出售其所有的位于重庆市九龙坡区××路××路××号办公用途房地产（房屋建筑面积为 307.76 平方米及分摊的土地使用权面积 21.24 平方米）。于 2016 年 2 月 22 日委托 B 评估公司对该房地产的公开市场价值进行评估，价值时点为 2016 年 2 月 24 日，B 评估公司于 2016 年 2 月 24 日至 2016 年 3 月 1 日对该办公用房进行了估价。

（一）区位状况

该办公用房位于九龙坡区××路××路××号，为"＊＊＊＊＊"平街负一层办公用房，小区内环境一般。土地级别为重庆市商业 4 级。距杨家坪商业步行街约 3 公里，周边有春风与湖、保利·爱尚里、骏逸新视界等小区，位置条件较好。该区域范围内人流量大，商业氛围较好。该区域内通上水、通下水、通路、通电、通燃气、通信等基础设施完善，保证率高。周边银行网点众多，有彩云湖公园、渝高公园、石坪桥广场、渝高中学等公用配套设施。

所在小区临石杨路，距陈家坪公交车站约 200 米，该站点有 404、454、429 等多路公交

---

① 本案例由重庆华西资产评估房地产土地估价有限公司提供。

车停靠，交通便捷程度较高。距陈家坪长途汽车站约 1 000 米，距菜园坝火车站约 5 公里，距朝天门码头约 8 公里，距江北国际机场约 30 公里，外部交通条件较好。

（二）实物状况

1. 房屋实物状况。

该办公用房证载用途为办公用房，实际用途为办公用房，证载用途与实际用途一致。证载房屋建筑面积 307.76 平方米，套内建筑面积 251.09 平方米。经现场查勘，估价对象位于所在建筑物第三层、平街负一层，层高约 3.5 米，户型方正，通风和采光一般，建筑结构为钢筋混凝土结构。外墙贴墙砖，入户门为卷帘门、玻璃门，室内铝合金窗，地面铺地砖，内墙刷白，顶棚吊顶。

估价对象所在小区名称为"＊＊＊＊花园"，有规范的物业管理，小区环境一般。所在建筑物配备水电、通信、消防设施等，室内已经实现通水、通电、通信等。

根据估价人员现场查勘、询问物管及查询资料，估价对象约建成于 1997 年左右。经现场查勘，估价对象维护保养一般，外观较旧。估价对象目前由产权人作办公用房使用。

估价对象房屋建筑面积适中，物业档次一般，装饰装修、楼层、配套设施、采光一般，保养和维护状况及成新度等条件一般，估价对象房屋状况较旧。

2. 土地实物状况。

估价对象坐落于九龙坡区××路××号，证载土地用途为其他商服用地，实际用途为其他商服用地，证载用途与实际用途一致，土地级别为商业 4 级。证载共有土地使用权面积 2 687.1 平方米，分摊土地使用权面积 21.24 平方米，土地使用权类型为出让，土地使用权终止日期为 2047 年 12 月 28 日，截止价值时点，估价对象剩余年限为 31.84 年。

估价对象所在建筑物一面临主干道，其余三面为住宅小区。所在宗地势平坦，自然排水通畅。所在土地使用权已经实现宗地红线外"六通"（通上水、通下水、通路、通电、通气、通信），宗地红线内"六通一平"（通上水、通下水、通路、通电、通气、通信及场地平整）。根据注册房地产估价师现场查勘，估价对象所在建筑物无明显沉降，未发现不良地质构造。

据前述，估价对象土地使用权类型、开发程度、承载力等条件较优。

（三）权益状况

1. 房屋权益状况。

根据《房地产权证》（××房地证××字第××路××号）记载，估价对象权利人为重庆 A 有限公司，证载用途为办公用房。

2. 土地权益状况。

估价对象所在土地所有权属于国家。根据《房地产权证》（××房地证××字第××路××号）记载，估价对象权利人为重庆 A 有限公司，土地用途为其他商服用地，土地使用权类型为出让，土地使用权终止日期为 2047 年 12 月 28 日，截止价值时点估价对象土地使用权剩余年限为 31.84 年。

3. 他项权益状况。

根据估价委托人提供的资料，估价对象未设定房地产他项权利。

4. 权益状况分析。

估价对象房屋所有权益、土地使用权益完全，目前由权利人自用，不受他项权利影响。

二、房地产估价方法选择分析

（一）估价目的及价值定义

本次估价目的是确定估价对象的公开市场价值，为出售该房地产提供价值参考。

公开市场价值就是指在下列交易条件下最可能实现的价格：（1）交易双方是自愿地进行交易的；（2）交易双方进行交易的目的是追求各自利益的最大化；（3）交易双方具有必要的专业知识并了解交易对象；（4）交易双方掌握必要的市场信息；（5）交易双方有较充裕的时间进行交易；（6）不存在买者因特殊兴趣而给予附加出价。

（二）估价方法的选用分析

根据《房地产估价规范》记载，房地产估价方法主要有：比较法、收益法、假设开发法、成本法等四种。

比较法适用于同类房地产交易案例较多的估价；收益法适用于有收益或有潜在收益的房地产估价；假设开发法适用于具有投资开发或再开发潜力的房地产估价；成本法适用于无市场依据或市场依据不充分而不宜采用比较法、收益法、假设开发法进行估价的情况下的房地产估价。

本次对估价对象采用收益法进行估价。原因有以下几点：

（1）估价对象作为办公用房，该区域办公用房交易案例缺乏，故未采用比较法进行估价。

（2）收益性房地产的估价，应选用收益法作为其中的一种估价方法。本次估价对象为办公用房，具有明显收益且能带来持续收益，且估价对象所在区域租金案例较易获取，故本次宜采用收益法进行估价。

（3）估价对象作为已建成的房屋，采用成本累加的方法不能准确量化其价值，故本次估价不宜采用成本法。

（4）本次估价对象为已完工工程，已不再具有投资开发或再开发潜力，故不宜采用假设开发法。

（5）估价对象房地产所处市场背景支持。

重庆市地处国家西部地区，是西部地区的经济、文化中心，也是西部地区重要的工业基地和物流中心，未来重庆市按基础设施、城市开发、产业发展三大千亿板块协同推进，城市经济发展前景较好。

重庆市作为直辖市，携政策、环境、定位等多方面优势，以成为长江上游经济中心为发展目标，刚性购房需求仍将是重庆房地产开发市场的主导力量，特别是城乡统筹发展过程中经济中心与周边区域房地产市场的轮番循环发展模式，仍将是重庆房地产开发市场健康发展的重要保障。

估价对象作为办公房地产，面积适中，所在区域办公用房较多，区域内类似房地产需求状况一般。

三、估价方法应用及要点

(一) 估价公式

1. 定义。

预测估价对象的未来收益，然后利用合适的报酬率或资本化率、收益乘数，将未来收益转换为价值来求取估价对象价值的方法。

2. 适用公式：

$$V = \frac{a}{r - g}\left[1 - \left(\frac{1 + g}{1 + r}\right)^t\right] \tag{3-19}$$

式中：V 为房地产评估价格；a 为未来第 1 年的净收益；g 为租金年递增率；r 为报酬率；t 为租金有变化的年限；n 为未来可获收益的年限。

(二) 估价测算具体过程

估价对象目前由权利人自用，无租约限制，本次估价仅根据客观租金测算其价值。

1. 市场客观租金的确定。

(1) 交易实例及因素比较。通过评估人员对该区域市场调查后取得的资料，评估人员选取了与估价对象位于同一供需圈，物业类型相同的三个可比实例，估价对象与可比实例的基本情况，见表 3-1。

表 3-1　　　　　　　　　　估价对象与可比实例情况说明

估价对象及交易实例修正体系		估价对象	可比实例 A	可比实例 B	可比实例 C
		九龙坡区××路××号	***C 座	****	*****
租金单价（元/m²·月）		待估	40.9	37.5	45
交易情况		—	正常交易	正常交易	正常交易
交易时间		2016 年 2 月 24 日（价值时点）	2016 年 2 月	2016 年 2 月	2016 年 2 月
区位状况比较	区域位置	九龙坡区石杨路，位置一般	优于估价对象	优于估价对象	优于估价对象
	距商服中心距离	距石桥铺约 2 公里	石桥铺	石桥铺	陈家坪
	交通条件	多条公交线路途经此路段，交通便捷	多条公交线路途经此路段，交通便捷	多条公交线路途经此路段，交通便捷	多条公交线路途经此路段，交通便捷

估价对象及交易实例修正体系		估价对象	可比实例 A	可比实例 B	可比实例 C
		九龙坡区××路××号	***C 座	****	*****
区位状况比较	公共和市政基础设施完备程度	完善	完善	完善	完善
	所临道路类型	主干道	主干道	主干道	主干道
	商业环境	商业氛围一般	商业氛围好	商业氛围较好	商业氛围较好
权益状况比较	他项权利	无	无	无	无
	土地取得方式	出让，对租赁价格不影响	出让，对租赁价格不影响	出让，对租赁价格不影响	出让，对租赁价格不影响
	城市规划限制条件	规划为办公	规划为办公	规划为办公	规划为办公
实物状况比较	建筑面积	307.76 平方米	220 平方米	200 平方米	300 平方米
	建筑结构	混合	钢混	钢混	钢混
	建筑外观	外墙砖	玻璃幕墙，对租金无影响	玻璃幕墙，对租金无影响	玻璃幕墙，对租金无影响
	楼层	平街第 -1 层	高区	中区	中区
	经营类型	自用办公	办公	办公	办公
	物业管理	一般	一般	一般	一般
	室内装修	简装	简装	简装	简装
	平面布局	形状较规则	形状较规则	形状较规则	形状较规则
	层高	约 3.5 米	约 3.5 米	约 3.5 米	约 3.5 米
	出入便捷度	便捷	便捷	便捷	便捷
	人流量	一般	大	大	较大

（2）进行交易情况修正。由于房地产市场具有不可移动的特性，房地产市场较少是个不完全市场，因此其价格往往容易受当时的一些特殊行为的影响，必须将个别的特殊交易剔除。以上三个案例均系自由竞争市场上的正常交易，故不需进行交易情况修正。则交易情况修正系数为：

实例 A 交易情况修正系数为 100/100；

实例 B 交易情况修正系数为 100/100；

实例 C 交易情况修正系数为 100/100。

（3）进行交易日期修正。估价对象与可比实例的交易日期有时间差异，随着时间的推移，房地产价格有基本明显的变化趋势时，必须进行交易日期修正。由于选取的基本上均为近期成交的交易案例，且目前该区域的房地产市场租金价格基本平稳，故不作修正。则交易时间修正系数为：

实例 A 交易时间修正系数为 100/100；

实例 B 交易时间修正系数为 100/100；

实例 C 交易时间修正系数为 100/100。

（4）进行区位状况修正。可比实例与估价对象相比，根据区域位置、距商服中心距离、交通条件等找出区域因素优劣情况进行增价或减价修正，以估价对象为基准，具体修正系数见表 3-2。

表 3-2　　　　　　　　　估价对象和可比实例区位因素修正

比较项目 \ 案例及评分	估价对象标准分	案例 A 评分	案例 B 评分	案例 C 评分
区域位置	100	102	102	102
距商服中心距离	100	102	102	102
交通条件	100	100	100	100
公共和市政基础设施完备程度	100	100	100	100
所临道路类型	100	100	100	100
商业环境	100	102	102	102

（5）进行权益状况修正。可比实例与估价对象相比，根据他项权利、土地取得方式、城市规划限制条件找出权益状况优劣情况进行增价或减价修正，以估价对象为基准，具体修正系数见表 3-3。

表 3-3　　　　　　　　　估价对象和可比实例权利因素修正

比较项目 \ 案例及评分	估价对象标准分	案例 A 评分	案例 B 评分	案例 C 评分
他项权利	100	100	100	100
土地取得方式	100	100	100	100
城市规划限制条件	100	100	100	100

（6）进行实物状况修正。这里我们主要考虑了物业的建筑结构、建筑外观、楼层、层高、经营类型、平面布局、出入便捷度、人流量等因素进行修正，具体修正系数见表 3-4。

表 3-4　　　　　　　　　估价对象和可比实例实物因素修正

比较项目 \ 案例及评分	估价对象标准分	案例 A 评分	案例 B 评分	案例 C 评分
建筑面积	100	100	100	100
建筑结构	100	100	100	100

比较项目 / 案例及评分	估价对象标准分	案例A 评分	案例B 评分	案例C 评分
建筑外观	100	100	100	100
楼层	100	104	102	102
经营类型	100	100	100	100
物业管理	100	100	100	100
室内装修	100	100	100	100
平面布局	100	100	100	100
层高	100	100	100	100
出入便捷度	100	100	100	100
人流量	100	102	102	101

（7）测算比准价格。将可比实例与估价对象相比较，见表3-5。

表3-5 　　　　　　　　　　估价对象评估价格测算

估价对象及交易实例修正体系		可比实例A 渝高C座	可比实例B 一城精英	可比实例C 申基索菲特
租金单价（元/m²·月）		40.9	37.5	45
交易情况		100/100	100/100	100/100
交易时间		100/100	100/100	100/100
区位状况比较	区域位置	100/102	100/102	100/102
	距商服中心距离	100/102	100/102	100/102
	交通条件	100/100	100/100	100/100
	公共和市政基础设施完备程度	100/100	100/100	100/100
	所临道路类型	100/100	100/100	100/100
	商业环境	100/102	100/102	100/102
权益状况比较	他项权利	100/100	100/100	100/100
	土地取得方式	100/100	100/100	100/100
	城市规划限制条件	100/100	100/100	100/100

估价对象及交易实例修正体系		可比实例 A	可比实例 B	可比实例 C
		渝高 C 座	一城精英	申基索菲特
实物状况比较	建筑面积	100/100	100/100	100/100
	建筑结构	100/100	100/100	100/100
	建筑外观	100/100	100/100	100/100
	楼层	100/104	100/102	100/102
	经营类型	100/100	100/100	100/100
	物业管理	100/100	100/100	100/100
	室内配套设施	100/100	100/100	100/100
	平面布局	100/100	100/100	100/100
	层高	100/100	100/100	100/100
	出入便捷度	100/100	100/100	100/100
	人流量	100/102	100/102	100/101
比准单价（元/m²·月）		36.33	33.96	41.16

由于根据三个案例修正后得出的比准价格比较接近，故取各可比实例的比准价格的简单算术平均值作为估价对象的比准价格，即：

租金单价 = （36.33 + 33.96 + 41.16）÷ 3

      ≈ 37（元/平方米·月）（保留至个位）

2. 年租金收入确定。

据调查，周边同类型房地产的空置及租金损失率为 10% 左右，本次取客观空置及租金损失率为 10%。

年租金收入 = 月租金 × 12 × （1 - 空置及租金损失率）

      = 37 × 12 × （1 - 10%）

      = 399.60（元/平方米）

3. 年经营费用。

根据调查及重庆市同类房地产取费参考，委估房地产用于出租的支出一般包括：管理费用、维护费用、税费、保险费和其他支出。根据对委估房地产的同地区、同类型房地产进行分析，该房地产的各项客观支出如下：

管理费：一般为年有效毛收入的 2% ~ 5%，经市场调查并结合估价对象状况，本次估价管理费取 2%。

维护费用：经估价人员对周边同类型房地产调查，一般为年有效毛收入的 2% ~ 5%，维护费用约为年有效租金收入的 2%。

保险费用：经估价人员对周边同类型房地产调查，保险费用约为年有效租金收入的 0.2%。

税金及附加：根据重庆市及国家现行的财税政策，房地产税为年租金收入的 12%，增值税为租金收入的 5%，教育附加费为增值税的 3%，城建税为增值税的 7%，地方教育附加费为增值税的 2%，本次估价取 17.6% 的综合税。年经营费率为：2% + 2% + 0.2% + 17.6% = 21.8%。

年经营费用 = 管理费用 + 维护费用 + 保险费用 + 税金及附加

= 年租金收入 × 年经营费率

= 399.60 × 21.8%

≈ 87.11（元/平方米）

4. 净租金收益。

净租金收益 = 年租金收入 − 年经营费用

= 399.60 − 87.11

= 312.49（元/平方米）

5. 收益年限。

根据委托方提供的《房地产权证》（××房地证××字第××路××号）载，估价对象土地使用权类型为出让，土地使用权终止日期为 2047 年 12 月 28 日，截至价值时点 2016 年 2 月 24 日，土地剩余使用年限为 31.84 年。建筑物约建成于 1997 年，已使用 19 年，钢筋混凝土结构非生产用房的经济耐用年限为 60 年，估价对象建筑物的剩余经济耐用年限为 41 年。建筑物的剩余寿命长于土地剩余使用年限，根据房屋和土地剩余使用年限孰短原则，综合确定估价对象未来有效收益年限为 31.84 年。

6. 报酬率。

本次估价采用安全利率加风险调整值法。

以安全利率加上风险调整值作为报酬率。安全利率可选用一年期定期存款年利率（1.50%）；风险调整值应根据待估对象所在地区的经济现状及未来预测、估价对象的用途及新旧程度等综合确定为 4.0%。即：

报酬率 = 1.50% + 4.0%

= 5.50%

7. 采用收益法试算估值。

考虑到该区域未来商业繁华度会进一步的提升，商业物业的租金水平将呈逐年增长趋势，故我们选取房地产净收益递增前若干年等比递增，此后保持不变的净收益流量模型，公式如下：

$$V = \frac{a}{r-g}\left[1-\left(\frac{1+g}{1+r}\right)^t\right] + \frac{A_t}{r}\left[1-\frac{1}{(1+r)^{n-t}}\right] \times \frac{1}{(1+r)^t} \qquad (3-20)$$

式中：V 为房地产评估价格；a 为未来第 1 年的净收益；A_t 为未来第 t 年的净收益；g 为租金年递增率；r 为报酬率；t 为租金有变化的年限；n 为未来可获收益的年限。

根据上述调查分析，采用月租金前 10 年等比递增、第 11 年至第 31.84 年月租金不变的收入模式，代入相应公式，可得办公用房的单价为：

$312.19/(5.50\% - 5.0\%) \times [1 - (1 + 5.0\%)^{10}/(1 + 5.50\%)^{10}] + 312.19 \times (1 + 5.0\%)^{(10-1)}/5.50\% \times [1 - 1/(1 + 5.50\%)^{(31.84-10)}]/(1 + 5.50\%)^{10}$

≈ 6 460（元/平方米）

8. 估价结果的确定。

综上所述，采用收益法测算出的办公用房的评估单价为 6 460 元/平方米。

估价对象评估价值 = 建筑面积 × 评估单价

$$= 307.76 \times 6\,460 \div 10\,000$$
$$= 198.81 \text{（万元）}$$

四、估价案例分析

（一）估价方法选择分析

估价对象房地产所在区域市场上不存在与估价对象类似用途、规模的房地产交易案例，但是存在大量可比房地产的出租案例，且估价对象房地产为办公用房有潜在的收益能力，因此可以采用收益法进行估价。

（二）参数选择分析

采用收益法进行估价的重点是确定各种收益参数，估价对象房地产是能够产生出租型收益的房地产，因此可以通过测算其租金收入测算收益额。根据估价对象所在区域已出租案例的租金水平，采用比较法确定估价对象房地产能够获得的正常客观租金，根据当地房地产租赁市场的正常费用测算估价对象房地产出租时应支出的必要客观费用。本次估价测算时采用"营改增"后的税率计算的房地产出租各项税费。

（三）模型选择分析

收益法在具体应用中需要根据估价对象的收益情况选择合适的收益模型，本次估价对象的收益情况分为两种情况，前 10 年呈现等比递增的情况，后面年度收益不变，因此选择了两阶段的模型。

第三节　收益法应用商业地产抵押估价案例及分析

一、案例基本情况①

A 酒店因向银行抵押借款需要，为确定该房地产抵押贷款额度提供参考依据，于 2014 年 4 月 25 日委托 C 评估公司就 A 公司所有的位于湖北省武汉市 ×× 区 ×× 路 ×× 号的 ×× 酒店房地产进行评估，价值时点是 2014 年 4 月 27 日，评估公司于 2014 年 4 月 27 日至 2014 年 5 月 1 日对该房地产进行了估价。

（一）区位状况

该酒店房地产位于武汉市 ×× 区 ×× 路 ×× 号，地处武汉市城区 Ⅱ 级商业地价区段，紧邻洪山广场。所处区域拥有城市优良的自然资源和城市景观，各种配套设施非常完善。

---

① 本案例由武汉国佳房地资产评估有限公司提供。

周边分布有洪山体育馆、中北路中学、武汉小学、华夏医院、武汉市第七医院等公共服务设施，以及东湖大厦、东湖熙园、安顺花园、安顺星苑、同成富苑等典型物业。

所在的区域呈现金融集聚、商贸活跃、信息快捷、环境靓丽的繁荣景象。周边分布有洪山饭店、太子酒店、湖锦酒楼、青莲酒家等宾馆酒店，以及家乐福洪山广场店、世纪中商、武商量贩水果湖店、中百超市、万家福超市等购物场所，还分布有中国农业银行、中国建设银行、中国工商银行、武汉市商业银行等金融单位，人流量、客流量大，属商业密集区。

估价对象距离市级商服中心——武胜路约 5 000 米，位于区级商服中心——中南路，位于小区级商服中心——民主路，距离街区级商服中心——东湖路约 200 米，距离高级商务区中心—王家墩商务区约 8 800 米，距离付家坡长途汽车客运站约 1 000 米，距离华夏银行约 50 米，距离洪山体育馆约 60 米，距离洪山公园约 50 米。距离其最近的公交车站中南路站约 100 米，有 805、724、702、581、540、530 等 20 余路公汽可通达武汉三镇，交通便捷度优。

（二）实物状况

1. 房屋实物状况。

估价对象于 1997 年建成投入使用，目前使用保养情况良好。酒店整体有中、西餐厅和韩国风味等餐厅，总餐位约 800 个。其他设施有夜总会、KTV 包房、英式台球、卡萨布兰卡酒吧、桑拿、健身中心、美容美发、棋牌室、室内游泳池、网球场、乒乓球室、儿童乐园、玫瑰苑酒廊等。

估价对象设计标准为四星级酒店标准，因此其装修材料均为高档材料。主楼外墙为玻璃幕墙间隔铝塑板，附楼外墙为花岗岩，室内大堂地面及墙面铺设高级大理石，玻璃旋转大门，艺术吊顶，配置豪华镀金边水晶吊灯。客房地面铺高级地毯，墙面高级壁纸，天棚为木制造型吊顶喷涂乳胶漆，木质包门套，卫生间地面、墙面均为高级花岗岩地面，室内配套设施齐全，可直接拨通国内和国际长途电话，并有闭路电视演播系统。

餐厅地面铺高级地毯，墙面高级壁纸局部木包或软包装饰，天棚为木制造型吊顶喷涂乳胶漆，木质包门套，木制造型吊顶，背景墙，吧台等。

多功能厅木制造型吊顶喷涂乳胶漆，软包吸音墙，设有小舞台及音响设备和灯控设备。

2. 土地实物状况。

该酒店证载土地面积 6 504.95 平方米，为其他商服用地。土地使用权类型为出让，估价对象的土地使用权终止日期至 2049 年 8 月 19 日止，即至估价时点土地剩余使用年限为 36.07 年。

建筑覆盖率为 0.35 建筑容积率为 4.49。所在土地使用权已经实现宗地红线外"六通"（通上水、通下水、通路、通电、通气、通信），宗地红线内"六通一平"（通上水、通下水、通路、通电、通气、通信及场地平整）。土地平坦、地势、地质、水文状况良好。

（三）权益状况

1. 建筑物权益状况（见表3-6）。

表3-6   建筑物权益状况一览

序号	《房屋所有权证》证号	证载结构	证载层数	建筑面积（平方米）	产别	设计用途	备注
1	武房权证昌字第××号	钢混	1-24/24	27 592.12	国有房产（自管产）	商业服务	—
2	武房权证昌字第××号	钢混	1-3/3	688.5	其他房产	商业服务	只承认建筑面积2 524.98 平方米
		混合	1-5/5	4 668.36	其他房产	商业服务	
	合计	—	—	32 948.98			

2. 土地使用权权益状况。

根据委托人提供的《国有土地使用证》（武国用［2007］第××号），证载总土地面积为7 330.35 平方米，土地用途为其他商服用地，地号为××，图号为××，土地使用权终止日期至2049 年8 月19 日止，即至估价时点土地剩余使用年限为36.07 年。另根据1：500宗地图记载，其中S2 公共通道面积为825.40 平方米，S3 公共通道面积为1 438.11 平方米，作他项权利限制。因S3 公共通道不在估价对象宗地范围内，故本次估价可抵押的土地面积为总土地面积扣除S2 公共通道面积后的剩余部分，即为7 330.35 - 825.40 = 6 504.95（平方米）。

3. 他项权利状况。

在估价时点估价对象未设定他项房地产权利。

二、估价方法选择分析

（一）估价目的及价值定义

本次估价是为确定估价对象房地产的抵押价值，为确定该房地产抵押贷款额度提供参考依据。

房地产抵押价值是债务履行期届满债务人不履行债务时，拍卖、变卖抵押房地产最可能所得的价款或者抵押房地产折价的价值扣除优先受偿的款额后的余额。

（二）估价方法选择分析

房地产估价方法主要有：比较法、收益法、假设开发法、成本法等。

比较法适用于同类房地产交易案例较多的估价；收益法适用于有收益或有潜在收益的房地产估价；假设开发法适用于具有投资开发或再开发潜力的房地产估价；成本法适用于无市场依据或市场依据不充分而不宜采用比较法、收益法、假设开发法进行估价的情况下的房地产估价。

　　根据本次估价的特定目的，估价人员严格遵循房地产估价原则，在认真分析研究所掌握的资料，进行实地勘察和对邻近地区的调查之后，针对估价对象的实际情况，确定运用收益法作为本次估价的基本方法，并对以上各种方法测算的价格进行综合处理，最终求取估价对象的总价格和单位价格。依据有以下几点：

　　（1）由于估价对象用途为四星级酒店，周边无类似房地产交易，市场依据不充分，故无法选用市场法。

　　（2）根据《房地产估价规范》，"具有开发或者再开发潜力的房地产的估价，应选用假设开发法作为其中的一种估价方法"，但估价对象为已建成房地产，故无法选用假设开发法。

　　（3）根据《房地产估价规范》，"收益性房地产的估价，应选用收益法作为其中的一种估价方法"，由于估价对象实际用途为四星级酒店，属收益型物业，故可采用收益法进行估价。

　　（4）估价对象房地产所处市场背景支持。武汉是内陆重要的外开放的大城市，近年来，随着国内外投资的增加，商业贸易活动不断发展，每年来武汉旅游、考察、洽谈商务及参加其他活动的国内外人士约有50多万人，以平均逗留3天计，则平均每天有4 000多人要住星级酒店。从1986年正式起步至今，武汉市旅游业已经进入了全面快速发展的时期。旅游业的兴盛有力地促进了武汉酒店业的发展。

　　从长远来看，武汉酒店业的增长是有发展空间的。如在武汉市旅游环境大大改善带动旅游业发展的过程中，游览黄鹤楼的东南亚及欧美的游客明显增多。2013年以来，黄鹤楼公园共接待海外游客与历年同期相比有较大幅度增长。这一现象说明，武汉整体城市形象和旅游吸引力上升。旅游业的发展同时也带动了相关行业的发展，而酒店业是其中最直接的受益者之一。

　　随着武汉城市圈成为"全国资源节约型和环境友好型社会建设综合配套改革试验区"，将来的投资环境将会更好，武汉优越的地理位置条件将会吸引更多的旅游者、投资者到武汉旅游、投资。良好的外部投资条件和优越的旅游环境资源，将会为武汉的高档酒店提供广阔的市场前景。

　　从微观环境来看，估价对象是经全国旅游星级饭店评定委员会批准的挂牌四星级酒店，功能配套齐全，能全方位满足客人的需要。估价对象周边商业集中、商贸活跃，各种对外文化、科技交流、商业活动频繁；对该区域酒店需求性较大。故估价对象发展前景看好。

三、估价方法应用及其要点

（一）估价原则

1. 合法原则。

　　必须以估价对象的合法使用、合法交易或合法处分为前提。所谓合法，是指符合国家的法律、法规和当地政府的有关规定。一是要求在估价时必须确认估价对象具有合法产权。二是要求在估价时所涉及的估价对象用途必须是合法的。三是要求在估价中如果涉及估价对象的交易或处分方式时，该交易或处分方式必须是合法的。

2. 最高最佳使用原则。

由于房地产具有用途的多样性，不同的利用方式能为权利人带来不同收益量，且房地产权利人都期望从其所占有房地产上获得更多的收益，并以能满足这一目的为确定房地产利用方式的依据，所以房地产价格是以该房地产的效用最有效发挥为前提的。

3. 房地产替代性原则。

市场竞争规律表明，多种效用相同或相似的商品在同一市场中竞争，通常是价格低者取胜。这是因为，在比较的基础上选择物美价廉的商品是每一个理智消费者的必然行为。这种市场选择的结果，必然促使效用相同或相近的商品在价格（包括租赁价格）上趋同，这就是市场替代原则的具体体现。为此在房地产估价中，可以依据这一原则，选择具有较大可比性的市场交易实例，从各方面进行相似性的比较与修正，从而确定估价对象的客观、合理价格。

4. 估价时点原则。

估价时点原则强调的是估价结论具有很强的时间相关性和时效性。估价结论首先具有很强的时间相关性，这主要是考虑到资金的时间价值，在不同的时间点上发生的现金流量对其价值影响是不同的。所以，在房地产估价时统一规定：如果一些款项的发生时点与估价时点不一致，应当折算为估价时点的现值。估价结论同时具有很强的时效性，这主要是考虑到房地产市场价格的波动，同一估价对象在不同时点会有不同的市场价格。

（二）估价公式

本次估价运用收益法作为估价的基本方法，并对以上各种方法测算的价格进行综合处理，最终求取估价对象的总价格和单位价格。

收益法：预测估价对象的未来收益，然后利用报酬率或资本化率、收益乘数将其转换为价值来求取估价对象价值的方法。其公式为：

$$V = \sum_{i=1}^{n} \frac{A_i}{(1+R)^i} \tag{3-21}$$

式中：V 为房地产在估价时点的收益价格，通常称为现值；A_i 为房地产的未来净运营收益，通常简称净收益；R 为房地产的报酬率；n 为房地产的收益期限，是从估价时点开始计算的未来可以获得收益的持续时间，通常称为收益年限。

（三）估价的详细测算过程

1. 基本原理。

预测估价对象的未来收益，然后利用报酬率或资本化率、收益乘数将其转换为价值来求取估价对象价值的方法。

2. 测算过程。

（1）估算年有效毛收入。有效毛收入根据估价人员对周边档次相近的酒店收益情况的调查，并结合估价对象的具体情况确定。

① 酒店客房收入。根据委托方提供的资料，白玫瑰大酒店共设有各类客房303间。其收益情况见表3-7。

表 3 -7   酒店客房收益一览

序号	房间类别	数量 （间）	门市价 （元）	折扣率 （%）	折后价 （元）	入住率 （%）	年毛收入 （元）
1	标准间	176	935	65	607.75	60	23 425 116.00
2	单人间	28	850	65	552.50	60	3 387 930.00
3	豪华标间	24	1 100	65	715.00	60	3 758 040.00
4	公寓套间	4	1 870	65	1 215.50	60	1 064 778.00
5	豪华套间	12	2 210	65	1 436.50	60	3 775 122.00
6	标准套间	12	1 870	65	1 215.50	60	3 194 334.00
7	商务标准间	16	935	65	607.75	60	2 129 556.00
8	商务套间	21	1 870	65	1 215.50	60	5 590 084.50
9	商务豪标间	2	1 100	65	715.00	60	313 170.00
10	行政标准间	4	1 380	65	897.00	60	785 772.00
11	行政套间	3	2 480	65	1 612.00	60	1 059 084.00
12	总统套房	1	8 500	65	5 525.00	60	1 209 975.00
	合计	303					49 692 961.50

② 酒店餐饮收入。按年客房收益为基数乘以一定的系数。根据调查，武汉市同档次酒店中此系数大约为 0.1~0.5，结合估价对象实际情况，餐饮主要为其酒店配套，而非主营业务，故取系数为 0.1。则：

49 692 961.50 × 0.1 = 4 969 296.15（元）

③ 酒店其他营业收入。包括宴会厅、会议厅、出租部分等的收益，这部分收益涉及项目多，每项数量小，根据酒店主营总收益为基数乘以一定的系数计算酒店其他营业收益。根据调查，武汉市同档次酒店中此系数大约为 0.05~0.1。其中主营收入包括酒店客房收益、餐饮收益。结合委估对象实际情况，取系数为 0.06。则：

（49 692 961.50 + 4 969 296.15）× 0.06 = 3 279 735.46（元）

潜在年总收入 = 49 692 961.50 + 4 969 296.15 + 3 279 735.46 = 57 941 993.11（元）

（2）确定房地产净收益比率。有效毛收入中包含了为维护房地产正常生产、经营，或使用必须支出的费用及归属于其他资本或运营的收入，即自营成本费用。年自营成本费用 = 生产成本 + 管理费用 + 财务费用 + 各种税费。其中：生产成本主要包括餐饮进货成本，客房周转物品成本，会议、娱乐等周转物品成本 + 燃料动力费 + 酒店所有人员薪金；管理费用主要包括摊销费用及其他管理费用；各种税费主要指营业税、城市维护建设税、教育费附加、堤防费等。在正常经营条件下，年自营成本费用占年总收入的比重是比较固定的。估价人员通过对同档次宾馆酒店的调查，确定年自营成本费用占年总收入的比重为 45%。此外，由于有效毛收入中还包含了宾馆酒店经营的正常利润，故还应在有效毛收入中予以扣除。本次估价确定宾馆酒店综合经营利润为有效毛收入的 12%。则有效毛收入中归属于估价对象自身房地产的净收益的比率为：

$1 - 45\% - 12\% = 43\%$

（3）确定房地产年纯收益。

$$年纯收益 = 潜在年总收入 \times 净收益比率$$
$$= 57\,941\,993.11 \times 43\%$$
$$= 24\,915\,057.04\ （元）$$

（4）确定报酬率。报酬率即折现率，为投资回报与所投入资本的比率。采用累加法确定报酬率。其公式为：报酬率 = 无风险报酬率 + 投资风险补偿 + 管理负担补偿 + 缺乏流动性补偿 - 投资带来的优惠。

无风险报酬率取估价时点同期国家 1 年期存款利率 4.14%，扣税后（税率 5%）= $4.14\% \times (1 - 5\%) = 3.93\%$；估价对象为酒店用途物业，系统风险较高，投资风险补偿、管理负担补偿、缺乏流动性补偿及投资带来的优惠合计为 5%。

报酬率（R）= $3.93\% + 5\% = 8.93\%$

（5）确定房地产的收益期限。根据《房地产估价规范》，"对于土地与建筑物合一的估价对象，当建筑物耐用年限长于或等于土地使用权年限时，应根据土地使用年限确定房地产的收益期限"；"对于土地与建筑物合一的估价对象，当建筑物耐用年限短于土地使用权年限时，先根据建筑物耐用年限确定房地产的收益期限，选用对应的有限年的收益法计算公式，净收益中不应扣除建筑物折旧和土地取得费用的摊销；然后再加上土地使用权年超出建筑物耐用年限的土地剩余使用年限价值的折现值"。

估价对象主体建筑的成新率为 73%，则尚可使用年限为 46 年。另外，根据估价对象的《国有土地使用证》，估价对象的土地使用权终止日期至 2049 年 8 月 19 日止，即至估价时点土地剩余使用年限为 36.07 年。建筑物耐用年限长于土地使用权年限。故：

房地产的收益期限（n）= 36.07（年）

（6）计算房地产收益价格。

$$V = \frac{A}{r}\left(1 - \frac{1}{(1 + r)^n}\right)$$
$$= \frac{24\,915\,057.04}{8.93\%} \times \left(1 - \frac{1}{(1 + 8.93\%)^{36.07}}\right)$$
$$= 26\,624.84\ （万元）$$

（7）估价结果。确定估价对象在估价时点 2014 年 4 月 27 日，完整权利状态及满足各项假设限制条件下的未设立法定优先受偿权利下的房地产公开市场价值为 27 068.71 万元。

四、案例分析

（一）方法选择分析

该房地产是以住宿、餐饮、娱乐等收入为收益来源的经营性商业房地产类型，该类型房地产在市场上很难找到类似的房地产交易案例，无法采用比较法进行估价，根据估价规范有现实收益的房地产应采用收益法进行估价。

（二）测算中参数的选择分析

作为营业性的房地产，在估价中测算房地产的净收益时要扣除酒店类经营者能够获得的正常利润。混合收益类型的房地产其收入和费用都比较复杂，在计算时要注意区分经营费用和营业收入的关系。在此案例中，房地产经营费用假设为营业收入的一定比率，这个比率是从市场中提取的类似房地产的费用比率。

在估价实务中也可把费用分为变动费用和固定费用，将测算出的各种类型物收入分别减去相应的变动费用，予以加总后再减去总的固定费用。

资本化率是收益法中重要的参数，其实质上是投资的预期收益率，其影响因素众多、复杂多变。确定资本化率的方法有：市场提取法、安全利率加风险调整值法、投资收益率排序插入法和复合投资收益率法四种。目前最常用的资本化率的确定方法是安全利率加风险调整值法，故本案例选择用累加法进行测算。

（三）估价原则的分析

对于房地产抵押价值评估应遵循谨慎原则，此案例假设该房地产的年收益在未来期间内保持不变是基于此考虑。

【课后训练】

1. 现有一平房，基底面积 150 平方米，建筑面积 100 平方米，土地使用权年限 60 年，从 1990 年 5 月 20 起计。该建筑物于 1991 年 5 月 20 日建成投入使用，耐用年限 60 年。建筑物原值 500 月/平方米，残值率为 2%。此平房出租每月租金 2 000 元，押金 1 万元。押金运用收益率 8%，报酬率 10%。租金损失准备金按 1 月租金收入计提。税费包括房产税、营业税、城市维护建设税和教育附加，四税合计为年租金收入的 17.5%。管理费按年租金收入的 5% 计提。维护费和保险费均按建筑物原值 2% 计提。试根据上述资料，评估该出租房屋 2013 年 5 月 20 日的价值。

2. 改错题。

估价对象现状为一空置厂房，土地面积 4 000 平方米，总建筑面积 6 000 平方米，分析其所在区位特点和周边环境，适宜装修改造成纯办公楼出租；装修改造方案获得政府主管部门批准后，补办了相关手续、补交了土地价款，土地使用期限自 2007 年 10 月 1 日起 50 年，总建筑面积不变。现需评估估价对象在 2007 年 10 月 1 日的市场价格（购买总价和单价）。有关资料如下：

（1）预计估价对象装修改造的工期为 1 年，装修后即可全部租出，可出租面积为建筑面积的 97%。经调查，附近同档次办公楼可出租面积平均为建筑面积的 85%，可出租面积的平均年租金经预测稳定在 1 000 元/平方米，空置和租金损失率为 10%，出租成本及税费为年租金收入的 25%。

（2）预计装修改造费用（含管理费用）为每平方米建筑面积 1 000 元，假设费用在装修改造期间均匀投入。

（3）折现率 12%，销售费用及销售税费率 7%（与销售同时发生），购买现厂房的税费 3%。

估价测算如下（节选）：

① 估算净收益。

净收益 = $1\,000 \times 6\,000 \times 85\% \times (1 - 10\%) \times (1 - 25\%) = 344.25$（万元）

② 测算报酬率（Y）。采用市场提取法，通过调查类似办公用途房地产的价格、净收益等资料，根据公式

$$V = \frac{A}{Y}\left[1 - \frac{1}{(1 + Y)}\right],$$

采用试算法推算报酬率。求取可比实例报酬率（见表3-8）。

表3-8   **可比实例报酬率**

序号	项　　目	案例A	案例B	案例C	案例D
1	租金（元/m²·月）	150	80	82	85
2	剩余收益年限（n）/年	40	46	47	46
3	房地产售价（V）/(元/m²)	10 000	6 900	6 500	6 700
4	报酬率（%）	9.994	7.909	8.092	8.005

注：表中计算结果无误。

报酬率 = $(9.994\% + 7.909\% + 8.092\% + 8.005\%)/4 = 8.500\%$，取整报酬率为8.5%。

③ 估算装修改造后的办公楼总价值。

办公楼价值 = $344.25/8.5\% \times [1 - 1/(1 + 8.5\%)^{50}]/(1 + 12\%)$
              = $3\,981.45/1.12 = 3\,554.87$（万元）

④ 装修改造费用总额。

装修改造费用 = $1\,000 \times 6\,000/(1 + 8.5\%)^{0.5} = 576.02$（万元）

⑤ 销售费用与销售税费。

销售费用与销售税费 = $3\,981.45 \times 7\%/(1 + 12\%) = 248.84$（万元）

⑥ 购买现厂房的税费。设估价对象的市场价格总价为V，则购买现厂房的税费总额 = $V \times 3\%$。

⑦ 计算估价对象在估价时点的市场价格。

估价对象的市场价格总价 $V = 3\,554.87 - 248.84 - 576.02 - 0.03V$
                  = $2\,650.50$（万元）

单价 = $2\,650.50/6\,000 = 4\,417.49$（元/m²）

第四章

成本法应用案例及分析

【学习目标】

1. 掌握成本法在房地产估价中的应用要点；
2. 熟练成本法在房地产估价中的运用程序和公式。

第一节 成本法理论回顾及应用要点

一、成本法概述

（一）成本法的含义

成本法是用估价对象在估价时点的重置价格或重建价格，扣除折旧，来估算估价对象的客观合理价格或价值的方法。成本法的本质是以房地产的重新开发建设成本为导向来求取估价对象的价值。

（二）成本法的理论依据

按照经济学理论，成本法的理论依据，若从卖方的角度看，是生产费用价值论；若从买方的角度看是替代原理。因此，运用成本法评估房地产，是基于生产费用价值论和替代原理，在一定条件下具备经济合理性，所评估出的价格是公平的。

（三）成本法的适用对象

（1）新近开发建造，计划开发建造或者可以假设开发建造的房地产。

（2）特别适用于那些既无收益又很少发生交易的房地产，或只针对个别用户的特殊需要而开发建造的房地产。

（3）适用于市场不完善或狭小市场上无法运用比较法进行估价的房地产；房地产保险及其损害赔偿中房地产的估价。

（四）成本法的适用条件

成本法主要适用于建筑物是新的或比较新的房地产估价，不太适用于建筑物过于陈旧的房地产估价。成本法估价还要求估价人员具有良好的建筑、建筑材料、建筑设备、装饰装修、工程造价和技术经济等方面的专业知识。

二、成本法中成本的构成内容

房地产价格的一般构成内容：重置价格或重建价格应是重新取得或重新开发、重新建造全新的估价对象所需的各项必要成本费用和应纳税金、正常开发利润之和，其构成包括下列内容。

（1）土地取得费用。土地取得成本简称土地成本或土地费用，是指购置土地的必要支出，或开发土地的必要支出及应得利润。

目前，取得土地的途径主要有：市场购买；征收集体土地；征收国有土地上房屋。在实际估价中，应根据估价对象中的土地在价值时点取得的主要途径，选取上述三个途径之一来求取。

（2）开发成本：勘察设计和前期工程费；基础设施建设费；房屋建筑安装工程费；公共配套设施建设费；开发过程中的税费。

（3）管理费用，主要是指开办费和开发过程中管理人员工资等。管理费用通常按照土地取得成本与建设成本之和的一定比例来测算。

（4）投资利息。是指在房地产开发完成或者实现销售之前发生的所有必要费用应计算的利息，而不仅是借款部分的利息和手续费。

（5）销售税费：销售费用，包括销售广告宣传费、委托销售代理费等；销售税金及附加，包括营业税、城市维护建设税、教育费附加；其他销售税费，包括应当由卖方负担的印花税、交易手续费、产权移转登记费等。

（6）开发利润。开发利润是指房地产开发企业（或业主、建设单位）的利润。

三、成本法的操作步骤和公式

（一）成本法的操作步骤

（1）搜集有关房地产开发的成本、税费、开发利润等资料；
（2）估算重置价格或重建价格；
（3）估算折旧；
（4）求取积算价格。

（二）成本法的基本公式

（1）适用于新开发土地的基本公式。
新开发土地价格 = 取得待开发土地的成本 + 土地开发成本 + 管理费用 + 投资利息 + 销售费用 + 销售税费 + 开发利润。

（2）适用于新建房地产的基本公式。
新建房地价格 = 土地取得成本 + 土地开发成本 + 建筑物建造成本 + 管理费用 + 投资利

息＋销售费用＋销售税费＋开发利润。

（3）适用于旧房地产的基本公式。

旧房地价格＝土地的重新取得价格或重新开发成本＋建筑物的重新购建价格－建筑物的折旧。在上式中，必要时还应扣除由于旧建筑物的存在而导致的土地价值减损。

（4）建筑物重新购建价格的求取方法：单位比较法；分部分项法；工料测量法；指数调整法。

（5）建筑物折旧。建筑物折旧指各种原因造成的建筑物价值减损，其金额为建筑物在价值时点的重新购建价格与在价值时点的市场价值之差。

引起建筑物折旧的原因可分为物质折旧、功能折旧和外部折旧。

建筑物折旧的求取方法主要有年限法、市场提取法和分解法。

四、成本法应用要点

（一）成本法估价路径选择

成本法估价时，对包含土地和建筑物的估价对象，应选择具体估价路径，并应符合：根据估价对象状况和土地市场状况，选择房地合并估价或房地分开估价的路径，优先选择前者；在选择房地合估路径时，应把土地当作原材料，模拟房地产开发建设过程，测算房地产重置成本或重建成本；当选择房地分估时，应把土地和建筑物当作各种独立的物，分别测算土地重置成本、建筑物重置成本或重建成本。

（二）测算房地产重置成本或重建成本

测算房地产重置成本或重建成本应符合：重置成本和重建成本为在价值时点重新开发建设全新状况的房地产的必要支出及应得利润；房地产的必要支出及应得利润应包括土地成本、建设成本、管理费用、销售费用、投资利息、销售税费和开发利润。

（三）测算土地成本和土地重置成本

可采用比较法、成本法、基准地价修正法等方法，并应符合：土地成本和土地重置成本为在价值时点重新购置土地的必要支出，或重新开发土地的必要支出及应得利润。

重新购置土地的必要支出应包括土地购置价款和相关税费，重新开发土地的必要支出及应得利润应包括待开发土地成本、土地开发成本、管理费用、销售费用、投资利息、销售税费和开发利润。

除估价对象状况相对于价值时点应为历史状况或未来状况外，土地状况应为土地在价值时点的状况，土地使用期限应为自价值时点起计算的土地使用权剩余期限。

（四）测算建筑物重置成本或重建成本

可采用单位比较法、分部分项法、工料测量法等，或利用政府或其他有关部门公布的房屋重置价格扣除其中包含的土地价值且进行适当调整，并应符合：

（1）对一般的建筑物，或因年代久远，已缺少与旧建筑物相同的建筑材料、建筑构配件和设备；或因建筑技术，工艺改变使得旧建筑物复原建造有困难的建筑物，宜测算重置成本。

（2）对具有历史、艺术、科学价值或代表性的建筑物，宜测算重建成本。

（3）建筑物重置成本和重建成本应为在价值时点重新建造全新建筑物的必要支出及应得利润。

（4）建筑物的必要支出及应得利润应包括建筑物建设成本、管理费用、销售费用、投资利息、销售税费和开发利润。

（5）利用政府或其有关部门公布的房屋重置价格扣除其中包含的土地价值且进行适当调整测算建筑物重置成本或重建成本的，应了解该房屋重置价格的内涵。

（五）各必要支出及应得利润的测算

各必要支出及应得利润的测算，应符合：

（1）各项必要支出及应得利润应为正常客观的支出和利润。

（2）销售税费和开发利润不应作为投资利息的计算基数。

（3）作为投资利息计算基数的各项必要支出的计息期，应分别自其发生时至建设期结束止。

（4）开发利润应在明确其计算基数和相应开发利润率的基础上，为其计算基数乘以开发建设类似房地产的相应开发利润率。

（六）建筑物有效年龄测算

建筑物有效年龄应根据建筑物的施工、使用、维护和更新改造等状况，在建筑物实际年龄的基础上进行适当加减调整得出。

（七）建筑物经济寿命测算

建筑物经济寿命测算应自建筑物竣工时起计算，可在建筑物设计使用年限的基础上，根据建筑物的施工、使用、维护和更新改造等状况及其周围环境，房地产状况等进行综合分析判断后确定。非住宅建筑物经济寿命晚于土地使用期限结束，且出让合同等约定土地使用权期间届满后无偿收回土地使用权及地上建筑物的，测算建筑物折旧时，应将建筑物经济寿命替换为自建筑物竣工时起至土地使用权期间届满之日止的时间。

（八）建筑物折旧的测算

1. 市场法提取折旧。

采用市场提取法测算建筑物折旧时，应先从交易实例中选取不少于三个含有与估价对象中的建筑物具有类似折旧状况的建筑物作为可比实例，再通过这些可比实例的成交价格减去土地重置成本得到建筑物折旧后价值，然后将建筑物重置成本或重建成本减去建筑物折旧后价值得到建筑物折旧。

2. 分解法测算折旧。

采用分解法测算建筑物折旧时，应先把建筑物折旧分成物质折旧、功能折旧、外部折旧等各个组成部分，并应分为可修复折旧和不可修复折旧两类，再分别测算出各个组成部分，然后相加得到建筑物折旧。修复成本小于等于修复所能带来的房地产价值增加额的，应作为可修复折旧；否则，应作为不可修复折旧。对于可修复折旧，应测算修复成本并将其作为折旧额。

此外，测算建筑物折旧时，应到估价对象现场，观察、判断建筑物的实际新旧程度，并应根据建筑物的建成时间和使用、维护、更新改造等情况确定折旧额或成新率。

第二节　成本法应用损害赔偿估价案例及分析

一、案例基本情况[①]

由某保险公司承保的一辆解放牌货车在一次运输行驶途中从公路冲出，在惯性的作用下撞上路边的农用房屋，与该房屋表层的非承重墙体产生正面接触，使建筑物第一层外墙（非承重墙）产生穿洞，洞口横向最大直径1.2米，竖向最大直径1.0米，洞口底部距离地面的高度是0.2米；楼梯的外墙倒塌，形成一个横径宽2.86米，最大垂直径宽2.1米的洞；部分墙体产生细微裂痕；楼梯踏步台阶和楼梯间的转角板完好无损，阳台护栏板和阳台地面各损坏一块；卧室中的一面非承重隔断墙轻微偏离，部分门窗损坏。

二、估价方法选择分析

本次估价是确定损伤房地产的修复费用，为承担事故赔偿责任的保险公司提供赔偿的参考价格。

因此本次估价是求取估价房地产本身出现的质量问题导致的估价对象房地产的价值和正常房地产之间的差值。

房地产损害赔偿估价的方法主要有资本化法、价差法和修复费用法等。其中资本化法是以预期原理为基础，是预测估价对象未来收益或损失，通过一定的折现率折现到估价时点的各期损失或收益之和，最终求取估价对象房地产价值贬损的方法。

价差法的本质就是"市场比较法"，就是估价时点的房地产的市场价值。价差法的公式为：

$$V = V1 - V2 \tag{4-1}$$

式中：V 为房屋价值贬损评估值；$V1$ 为类似的无贬损房屋的市场价值；$V2$ 为类似的有贬损房屋的市场价值。

修复费用法指将估价对象房地产修复到房地产受损害前的状况所花费的费用，作为房地产损害赔偿的参考依据。

被评估对象是农用房，没有房地产收益，不适用资本化法；估价对象房地产受到的损害具有偶然性和独特性，考虑到估价对象所处的市场及区域状况，难以在市场上找到类似的有

---

①　林洁，蒋景海．成本法在房地产损害赔偿中的应用探讨［J］．企业技术开发，2014（7）．

贬损房屋的市场价值，价差法也不适用，这例案件中的受损房屋价值可以得到修复属于可修复价值的损害评估，应先拆除已经损坏的部分，再按照房屋原本的构造进行修复。根据《房地产估价规范》规定，计算其修复所需费用确定赔偿价值。因此应选用成本法进行评估。

三、估价方法及其应用要点

（一）估价原则

1. 合法原则。

必须以估价对象的合法使用、合法交易或合法处分为前提。所谓合法，是指符合国家的法律、法规和当地政府的有关规定。一是要求在估价时必须确认估价对象具有合法产权。二是要求在估价时所涉及的估价对象用途必须是合法的。三是要求在估价中如果涉及估价对象的交易或处分方式时，该交易或处分方式必须是合法的。

2. 估价时点原则。

估价时点原则强调的是估价结论具有很强的时间相关性和时效性。估价结论首先具有很强的时间相关性，这主要是考虑到资金的时间价值，在不同的时间点上发生的现金流量对其价值影响是不同的。所以，在房地产估价时统一规定，如果一些款项的发生时点与估价时点不一致，应当折算为估价时点的现值。估价结论同时具有很强的时效性，这主要是考虑到房地产市场价格的波动，同一估价对象在不同时点会具不同的市场价格。

3. 公平原则。

要求房地产估价人员应站在中立的立场上，估出一个对各方当事人来说都公平合理的价值。

（二）估价公式确定

案件中的受损房屋价值可以得到修复属于可修复价值的损害评估，应先拆除已经损坏的部分，再按照房屋原本的构造进行修复。根据《房地产估价规范》规定，计算其修复所需费用确定赔偿价值。

确定损害评估价值房屋的损害评估值＝拆除工程费用＋修缮工程费用＋恢复工程费用＋相关经济损失－被拆除物残值。

（三）估价具体测试过程

获取相关检测报告书了解房屋损害情况，确定房屋修复程序，以便得出更具公正性的评估结果，应向相关部门提出申请获得专业的鉴定报告。

本案例中，根据检验部门所提供的修复方案，可计算出修复工程的直接费用。因为案例中的房屋修复工程是要弥补该房屋受到的损害，所以进行赔偿修复时不考虑房屋受损前的使用保养状况，在测算修复费用时，要将房屋修缮到全新的状态，而不是恢复到事故前的状态，因此不考虑扣减房屋的折旧。因此，此案例最终损害评估值的计算公式为：房屋损害评估值＝拆除工程费用＋修缮工程费用＋恢复工程费用＋相关经济损失。

1. 拆除工程费用确定。

（1）拆除工程费，见表4－1。

表 4 - 1   **拆除工程费的费用标准**

定额编号	项目名称	单位（m³）	定额基价（元）	工程量	合价（元）
5A0011	墙体拆除	1	10.20	13.817	140.93
5A0026	楼板拆除	1	34.50	2.91	100.40
合计					241.33

（2）脚手架及其支架保护费费，见表 4 - 2。

表 4 - 2   **单项脚手架及构架支护费的标准**

定额编号	项目名称	单位（m³）	定额基价（元）	工程量	合价（元）
5D0002	单项脚手架	100	324.03	0.4	139.61
	楼板拆除				300.00（估算）
合计					439.61

2. 恢复工程费，见表 4 - 3 ~ 表 4 - 5。

表 4 - 3   **砌切体的费用标准**

定额编号	项目名称	单位（m³）	定额基价（元）	工程量	合价（元）
5C0002	砌切体	10	1 540.34	1.53	2 356.72
合计					2 356.72

表 4 - 4   **空心板、预制钢筋及空心板、灌装费用标准**

定额编号	项目名称	单位	定额基价（元）	工程量	合价（元）
IE0383	空心板	10m³	1 793.67	0.291	521.96
IE0529	预制钢筋	1t	2 762.91	0.15	414.44
IE0511	空心板、灌装	10m³	518.59	0.291	150.91
合计					1 087.31

表 4 - 5   **木门窗工程相关费用标准**

定额编号	项目名称	单位（m²）	定额基价（元）	工程量	合价（元）
IG0051	拼板门制作	100	6 294.28	0.046	289.54
IG0029	拼板门安装	100	1 324.41	0.046	60.92
IG0036	木窗制作	100	4 880.63	0.023	112.25
IG0045	木窗安装	100	2 775.15	0.023	633.83
合计					526.54

3. 定额直接费。

定额直接费＝明确的项目工程造价成本

$$= 241.33 + 429.61 + 2\ 356.72 + 1\ 087.31 + 526.54 = 4\ 641.51（元）$$

4. 评估价值。

（1）基价直接费＝4 641.51 元。

（2）项目综合费用＝4 641.51×15.73%＝730.11（元）。

（3）劳动保险费＝4 641.51×3.15%＝146.21（元）。

（4）利润＝4 641.51×6.64%＝308.20（元）。

（5）按实际价格计算的费用与材料的预计价格之间的差异＝1 000.00 元。

（6）定额编制及定额测定费＝[（1）＋（2）＋（3）＋（4）＋（5）]×1.8‰＝12.29（元）。

（7）税金＝(4 641.51＋730.11＋146.21＋308.20＋1 000.00＋12.29)×3.56%＝243.44（元）。

（8）评估价值＝（1）＋（2）＋（3）＋（4）＋（5）＋（6）＋（7）＝7 081.76（元），取整为 7 080 元。

四、案例分析

（一）损害性质的鉴定

在本案例中，业主自认为房屋需要整体拆除重建，但是根据现场勘查发现房屋损害属于可修复损害，并不需要整体重建，因此，对于损害性质损害程度的鉴定对评估结果有直接影响，一定要实事求是，真实公正地确定其损害性质。房地产损害前与损害后的价值差异不能代表其损失价值，所以不能使用损失前后差价法。修复方案的确定、评估方法的选择以及最终评估值的计算，都应根据案例的实际情况进行适当的变通。这就要求评估人员熟练掌握专业技能，活学活用。

（二）评估细节的影响

一些细节的差异也会对最后的评定结果造成影响。例如，同一修复工程若采用不同的修复材料，其费用价值会存在差异。其中一些较小的项目，其价格往往相对稳定且差异较小。而一些大型的项目材料的选择却会对最终价值造成较大的影响。因此，评估工作也不是一成不变的，往往需要根据实际情况进项适当的变通，如评估一些较小的项目时，由于其对结果产生的影响较小，为了节约评估工作中的人力及时间成本，可以适当放宽工作量，直接使用相关材料的市场平均值进行计算。而在一些大型项目中，由于其对结果的影响较大，则需要计算的更加严谨，应邀请相关权威机构对修复方案进行鉴定审核，并明确相关材料费用。

（三）委托人的主观因素

评估报告所给出的评估结果属于评估价值，只是为委托人最后确定损害赔偿价值提供参考依据。而有时候最后的赔偿金额与评估金额之间存在很大的差异。而这些差异的产生往往与委托人的个人素质、心理价位相关。

第三节 成本法应用其他估价案例及分析

一、案例基本情况[①]

本次估价对象办公楼产权属重庆 S 有限公司，S 公司为出售该办公用房委托 B 评估公司对其进行估价，估价目的是了解该办公楼的市场价值，价值时点为 2015 年 12 月 31 日。

（一）房地产区位状况

估价对象位于××市某工业开发区，该开发区是××市重点建设的国家级开发区，区域内道路网密集，距离高速路出入口约 2 公里，区域内基础设施配套完备，供电、供水、排水保证程度均达到 95% 以上，架设了程控通信网。基础设施保证程度较高，能满足区域内生产、生活和建设需要，工业产业聚集度高。

（二）房地产实物状况

1. 土地实物状况。

估价对象位于××区××路 1 号，土地用途为工业，工业 3 级用地。证载土地面积为 9 430 平方米，容积率为 1.0。地块形状为多边形，地势较平坦，有道路与主干道通达，无不良地质构造。委估宗地为工业用地，红线外"五通"，即通路、通电、通水（上下水）、通气、通信；红线内"五通一平"，即通路、通电、通水（上下水）、通气、通信及场地平整。

2. 建筑物实物状况。

估价对象地上 6 层，建于 1998 年，用作办公用房，框架剪力墙结构，建筑面积 7 506.55 平方米。房屋基本状况：本工程室内外高差 1.2 米，层高 2.7 米，檐高 19.5 米；外墙水泥砂浆，内墙及顶棚喷涂，木门窗，地面水磨石，走道铁栏杆，楼梯砼踏步，铁栏杆扶手；室内通水、通电、通信，建筑物维护状况一般。

（三）房地产权益状况

他项权利：根据委托方提供的《房地产权证》（证号：××房地证××字第××号）复印件显示，截至估价时点，估价对象目前未设置他项权利记载。

二、估价方法选择分析

（一）估价目的及价值定义

本次估价目的是为了解该办公楼在 2015 年 12 月 31 日的市场价值。

公开市场价值就是指在下列交易条件下最可能实现的价格：（1）交易双方是自愿地进

---

① 本案例由重庆华西资产评估房地产土地估价有限公司提供。

行交易的；（2）交易双方进行交易的目的是追求各自利益的最大化；（3）交易双方具有必要的专业知识并了解交易对象；（4）交易双方掌握必要的市场信息；（5）交易双方有较充裕的时间进行交易；（6）不存在买者因特殊兴趣而给予附加出价。

（二）估价方法的分析

根据《房地产估价规范》记载，房地产估价方法主要有：比较法、收益法、假设开发法、成本法等四种。

比较法适用于同类房地产交易案例较多的估价，区域内类似交易较少，且地产交易的替代性与委估宗地的可比性较差，不适宜选择比较法；收益法适用于有收益或有潜在收益的房地产估价，但估价对象无持续稳定的收益不适宜采用收益法；假设开发法适用于具有投资开发或再开发潜力的房地产估价，估价对象是已建成房地产不适宜选用假设开发法；成本法适用于无市场依据或市场依据不充分而不宜采用比较法、收益法、假设开发法进行估价的情况下的房地产估价，估价对象所处区域基准地价体系完备，可以选择基准地价法测算土地价值，建筑物也采用成本法，然后二者相加得到房地产价值。

三、估价方法应用要点

（一）估价原则

1. 合法原则。

房地产估价必须以拥有地产的合法使用权为前提，以及在城市规划规定的用途、容积率、覆盖率、建筑高度及建筑风格等限制范围内进行。

2. 估价时点原则。

房地产评估所评估出的价值实际上是该宗地某一时点上的价值。这是因为地价随着社会经济的发展变化在不断涨落和变化。如果不明确所评估的价格是哪个时点的价值，那么评估出的价值就毫无意义。

3. 替代原则。

根据市场运行规律，在正常的市场条件下，具有相似的房地产条件和使用价值的房地产，在交易双方具有同等市场信息的基础上，应具有相似的价格。即有两个以上互有代替性的商品或服务同时存在时，商品或服务的价格是经过相互比较之后才决定的。房地产也同样遵循替代规律，本报告采用基准地价系数修正法测算地价即是依据替代原则。基准地价系数修正法是在基准地价的基础上通过评估对象条件与区域内平均条件的比较，对基准地价进行系数修正，评估出评估对象的价格。

（二）估价公式

地价评估采用基准地价法。其公式为：

$$P_i = P \times (1 + A + B) \times D \times E \times F \qquad (4-2)$$

式中：P_i 为委估宗地修正后单价；P 为委估宗地所在区域基准地价；A 为委估宗地成熟度修正系数；B 为委估宗地区域和个别因素修正系数；D 为委估宗地的容积率修正系数；E

为委估宗地年限修正系数；F 为委估宗地期日修正系数。

建筑物评估价值 = 建筑物重置价格 × 综合成新率。

建筑物重置价格 = 结构工程造价 + 前期及其他费用 + 资金成本 + 开发利润。

（三）具体估价测算

1. 土地采用基准地价法进行测算。

土地单价 = 宗地所处区域基准地价 × 成熟度修正系数 × 区域和个别因素修正系数 × 容积率修正系数 × 宗地年限修正系数 × 宗地期日修正系数

$$= 11 × (1 + 0 + 11.50\%) × 1.0 × 1.0 × 1.0$$

$$≈ 793 （元／平方米）$$

土地总地价 = 793 × 9 430 = 7 477 990 （元）

2. 建筑物价值测算。

（1）结构工程费用合计 9 523 547.75 元，详细测算过程见表 4 - 6。结构工程费用计算（含土建与水电等配套设施的预埋）。

表 4 - 6 　　　　　　　　　　　　　　建筑安装工程费用一览

序号	项　目	取费基础	费率（%）	金额（元）
1	直接工程费（含其他直接费）			7 581 615.5
2	企业管理费	1	13.28	1 006 838.54
3	利润	1	7	530 713.09
4	税金	1	4.09	310 088.07
5	工程造价	1 + 2 + 3 + 4		9 429 255.2
6	劳保统筹	5	1%	94 292.55
7	工程总价	5 + 6		9 523 547.75
8	单位造价			1 268.7

（2）前期及其他费计算。根据国家所规定的各类建设取费标准确定。具体内容见表 4 - 7。

表 4 - 7 　　　　　　　　　　　　　　前期工程费用一览

序号	费用名称	按建安造价计算（%）
1	工程项目勘察费	0.55
2	建筑工程设计费	1.5
3	工程标底编制费	0.1
4	合同预算审查费	0.05
5	合同鉴证费	0.02
6	城市建设工程许可证执照费	0.1

序号	费用名称	按建安造价计算（%）
7	工程保险费	0.2
8	工程建设监理费	1.8
9	建设工程质量管理监督费	0.25
10	建设单位管理费	0.5
	总　　计	5.07

经核查，本工程的建安工程中标价为 10 644 698.74 元。在以上前期费用中前七项费用为一次性全部发生，费率合计 2.52%；后三项费用随着工程进度发生，费率合计 2.55%。则：

前期及其他费 = 10 644 698.74 × 2.52% + 9 523 547.75 × 2.55%

= 511 096.88 （元）

（3）资金成本（建设期贷款利息）计算。该建设项目建成的合理周期为 1.5 年，银行 2 年期贷款利率为 5.94%，前期费用在建设期初投入，至评估基准日建安工程贷款期为 1 年，假设建安费用在建设期期中投入，则该楼的资金成本为：

资金成本 = 结构工程造价 × 贷款利率 × 1/2 + 前期工程费 × 贷款利率 × 1

= 9 523 547.75 × 5.94% × 1/2 + 511 096.88 × 5.94% × 1

= 282 849.37 + 30 359.15

= 313 208.52 （元）

（4）开发利润。根据国家同类用途房地产开发利润水平，结合委估房地产的特点，确定开发利润率为 15%，则开发利润为：

开发利润 = （结构工程造价 + 前期工程费）× 15%

= （9 523 547.75 + 511 096.88）× 15%

= 1 505 196.69 （元）

（5）重置全价计算。

办公楼结构部分重置全价 = 结构工程造价 + 前期及其他费用 + 资金成本 + 开发利润

= 9 523 547.75 + 511 096.88 + 313 208.52 + 1 505 196.69

= 11 853 049.84 （元）

3. 成新率确定。

（1）使用年限法。理论成新率 = 1 - （1 - 残值率）×（已使用年限/耐用年限）。残值率依据《房地产估价规范》提供的参考值，剪力墙结构为 0。已使用年限为 17 年，耐用年限为 70 年。

理论成新率 = 1 - （1 - 0）×（17/70）= 75.71%

（2）打分法。评估人员实地勘查，办公楼基础无不均匀沉降，结构构件尚好，内装修有少量裂缝、空鼓，外装修稍好。按原城乡建设环境保护部制定的《房屋完损等级评定标准》，现场勘查后打分见表 4 - 8。

表 4 -8　　　　　　　　　　　　**办公楼成新率鉴定打分表**

项　目		标准分	评　定	评分	合计	完损等级
结构部分	基础	16 – 20	有承载力、稍有不均匀沉降、但稳定	18	70	基本完好
	承重构件	16 – 20	有轻微变形、细小裂缝	18		
	非承重构件	10 – 20	稍有裂缝破损	10		
	屋面	13 – 16	稍有渗漏	14		
	楼地面	10 – 12	稍有磨损裂缝	10		
装修部分	门窗	16 – 20	基本灵活、少量变形	18	68	
	外粉	13 – 16	稍有裂缝风化	14		
	内粉	13 – 16	稍有裂缝风化	13		
	顶棚	13 – 16	无明显变形 稍有裂缝	13		
	细木装修	10 – 12	稍有破损	10		
设备部分	水卫	25 – 32	基本尚可	25	65	
	电照	16 – 20	线路、照明装置基本尚好、无漏电	18		
	其他	22 – 28	基本正常使用	22		

完好分值率 = 结构部分合计得分 × 结构部分权重 + 装修部分合计得分 × 装修部分权重 + 设备部分合计得分 × 设备部分权重

$$= 70 × 0.60 + 68 × 0.20 + 65 × 0.20 = 69.2\%$$

（3）成新率的确定。

成新率取理论成新率与完好分值率的加权算术平均值，为客观地评定房屋的成新率，理论成新率权重取 30%，完好分值率取 70%。

成新率 = 75.71% × 0.3 + 69.2% × 0.7 = 71%（取整）

4. 建筑物评估值计算。

建筑物评估值 = 重置成本 × 成新率

$$= 11\ 853\ 049.84 × 71\% = 8\ 415\ 665.38（元）$$

5. 房地产评估值。

房地产评估价值 = 土地总地价 + 建筑物评估值

$$= 7\ 477\ 990 + 8\ 415\ 665.38 = 15\ 893\ 655.38（元）$$

四、案例分析

（一）估价方法选择分析

当估价对象所处的市场条件不适用于比较法和收益法进行估价时，可以选择成本法进行估价。

（二）估价参数的确定分析

采用成本法进行估价时，要搜集估价对象重新建造所必需花费的各种成本费用，在估价作业中要选择估价对象所处的区域相关部门或机构制定的成本项目来确定重置成本。本案例采用打分法和使用年限法来综合确定成新率，主要考虑了单一方法存在的缺陷，在房地产估价实务中可以根据估价对象的状况选择合适的方法来确定成新率。

【课后训练】

1. 某幢写字楼，土地面积 4 000 平方米，总建筑面积为 9 000 平方米，建成于 1990 年 10 月 1 日，土地使用权年限为 1995 年 10 月 1~2035 年 10 月 1 日。现在获得类似的 40 余年土地使用权，价格为 2 000 元/平方米，建筑物重置成本为 1 300 元/平方米。建筑物自然寿命为 60 年，有效经过年数为 10 年。

其他的相关资料如下：

（1）门窗等损坏的修复费用为 3 万元，装修的重置价格为 82.5 万元，平均寿命为 5 年，有效经过年数为 4 年；空调系统功能落后，必须更换，旧系统已提折旧 80 万元；拆除该空调费用为 10 万元，可回收残值 30 万元，重新构建价格（不含安装费）为 130 万元，安装新的空调系统的费用为 8 万元；除空调以外的设备的重置价格为 250 万元。平均寿命为 15 年，经过年数为 9 年。

（2）该幢写字楼由于层高过高和墙体隔热保温性差，导致与同类写字楼相比，每月增加能耗 800 元。

（3）由于写字楼所在区域刚有一化工厂建成投产，区域环境受到一定的污染，租金将长期受到负面影响，预计每年租金损失为 7 万元。

（4）该类写字楼的报酬率为 10%。银行贷款年利率为 5%，土地报酬率为 8%。

（5）假设除空调以外，残值率均为零。

试求该写字楼于 2005 年 10 月 1 日的折旧总额和现值。

2. 估价对象为一写字楼，土地总面积 1 000 平方米，于 2001 年 9 月底始建，50 年使用权。写字楼总建筑面积 4 500 平方米，建成于 2004 年 9 月底，为钢筋混凝土结构，建筑层高 5 米，没有电梯，需评估该写字楼 2006 年 9 月 30 日的价值。

搜集有关资料如下：

（1）当地征收农地的费用等资料。在估价时点征收城市边缘土地平均每亩需要 57.32 万元的征地补偿和安置等费用，向政府交付土地使用权出让金等为 150 元/平方米，土地开发费用、税金和利润等为 120 元/平方米，以上合计为城市边缘出让土地使用权年限 50 年熟地的价格。

该城市土地分为八个级别，城市边缘土地为第八级，而估价对象处于第六级土地上。各级土地之间的价格差异如下：

级　别	一	二	三	四	五	六	七	八
地价是次级土地的倍数	1.4	1.4	1.4	1.4	1.4	1.3	1.5	1
地价是最差级土地的倍数	10.54	7.53	5.38	3.84	2.74	2.00	1.50	1

（2）在估价时点不设电梯的层高5米的建筑物重新购建价格为1 800元/平方米，估价对象写字楼门窗等损坏的修复费用为10万元；装修的重新购建价格为140万元，经济寿命为5年；设备的重新购建价格为100万元，经济寿命10年；建筑物的使用寿命长于土地使用年限。假设残值率均为0。另调查，由于该写字楼缺乏电梯，导致其出租率较低，仅为80%，月租金为38元/平方米。而市场上类似的有电梯的写字楼的出租率为85%，正常月租金为40元/平方米。一般租赁经营的正常运营费用率为租金收入的35%。如果在估价进点重置具有电梯的类似写字楼，则需电梯购置费用60万元，安装费用40万元。同时，由于该写字楼的层高比正常层高要高，使其能耗增加。经测算正常情况下每年需要多消耗1万元能源费。同时，由于周边环境的变化，该写字楼的经济折旧为20万元。

试用成本法评估该写字楼2006年9月30日的价值。土地5%，房地产报酬率为7%（如需计算平均值，请采用简单自述平均法，小数点后保留两位）。

第五章

假设开发法应用案例及分析

【学习目标】

1. 掌握假设开发法适用的对象和条件，假设开发法的基本公式，假设开发法中各项的求取；

2. 熟悉假设开发法的概念、理论依据、操作步骤；

3. 能够运用假设开发法进行估价。

第一节　假设开发法理论回顾及应用要点

一、假设开发法的基本原理

（一）假设开发法的概念

假设开发法又称剩余法，是通过预测估价对象未来开发完成后的价值，然后减去预测的未来开发成本、税金和利润等来求取估价对象价值的方法。假设开发法的实质是以预期收益为导向求取房地产的价值。

（二）假设开发法的理论依据

假设开发法的理论依据是经济学中的预期原理。预期原理说明，决定房地产价值的，是房地产未来所能获得的收益，而不是过去已获得的收益；具体地说，房地产的价格是基于市场参与者对其未来所能获取的预期收益或得到满足的程度，而不是基于其历史价格，即生产它所投入的成本或过去的市场状况。

（三）假设开发法适用的对象和需要的条件

1. 适用对象。

具有投资开发或再开发潜力的房地产的估价：（1）待开发的土地，包括生地、毛地、熟地；（2）在建工程，包括房地产开发项目；（3）可装修改造或可改变用途的旧房，包括装修、改建、扩建。

2. 需要具备的条件。

假设开发法需要具备以下条件：（1）根据房地产估价的合法原则和最高最佳使用原则，能够正确判断房地产的最佳开发利用方式，包括用途、规模、档次等；（2）根据当地房地产市场情况和供求状况，能够正确地预测未来开发完成后的房地产价值；（3）要求有一个良好的社会经济环境，包括健全的房地产法规，透明的房地产政策，长远稳定的土地供应计划，全面、连续及开放的房地产信息资料库，等等。

3. 其他用途。

假设开发法除了适用于房地产估价，还可适用于房地产开发项目分析，如测算待开发房地产的最高价格、预期利润、最高费用等，是房地产开发项目分析的常用方法之一。

二、假设开发法的基本公式

（一）假设开发法最基本的公式

待开发房地产价值＝开发完成后的房地产价值－开发成本－管理费用－投资利息－销售费用－销售税费－开发利润－投资者购买待开发房地产应负担的税费。

（二）假设开发法具体细化公式

1. 求生地价值的公式。

（1）在生地上进行房屋建设。生地价值＝开发完成后的房地产价值－由生地建成房屋的开发成本－管理费用－投资利息－销售费用－销售税费－开发利润－买方购买生地应负担的税费。

（2）将生地开发成熟地。生地价值＝开发完成后的熟地价值－由生地开发成熟地的开发成本－管理费用－投资利息－销售费用－销售税费－土地开发利润－买方购买生地应负担的税费。

2. 求毛地价值的公式。

（1）在毛地上进行房屋建设。毛地价值＝开发完成后的房地产价值－由毛地建成房屋的开发成本－管理费用－投资利息－销售费用－销售税费－开发利润－买方购买毛地应负担的税费。

（2）将毛地开发成熟地。毛地价值＝开发完成后的熟地价值－由毛地开发成熟地的开发成本－管理费用－投资利息－销售费用－销售税费－土地开发利润－买方购买毛地应负担的税费。

3. 求熟地价值的公式。

熟地价值＝开发完成后的房地产价值－由熟地建成房屋的开发成本－管理费用－投资利息－销售费用－销售税费－开发利润－买方购买熟地应负担的税费。

4. 求在建工程价值的公式。

在建工程价值＝续建完成后的房地产价值－续建成本－管理费用－投资利息－销售费用－销售税费－续建投资利润－买方购买在建工程应负担的税费。

5. 求旧房价值的公式。

旧房价值＝装饰装修改造完成后的房地产价值－装饰装修改造成本－管理费用－投资利息－销售费用－销售税费－装饰装修改造投资利润－买方购买旧房应负担的税费。

6. 按开发完成后的经营方式细化的公式。

房地产开发完成后的经营方式有销售和租赁两种，运用假设开发测算待开发房地产价值时，往往采用不同的方法求取开发完成后的房地产价值，销售房地产用市场法或长期趋势法测算开发完成后的房地产价值；租赁房地产用收益法测算开放完成后的房地产价值。运用假设开发法测算待开发房地产价值公式如下：

（1）开发完成后的房地产为销售房地产的价值的计算公式：待开发房地产的价值＝V_P－后续必要支出及应得利润，V_P为用市场法或长期趋势法测算的开发完成后的房地产价值。

（2）开发完成后的房地产为租赁或营业房地产的价值的计算公式：待开发房地产的价值＝V_R－后续必要支出及应得利润，V_R为用收益法测算的开发完成后的房地产价值。

三、假设开发法的两种估价方法

（一）传统方法

传统方法是根据估价时房地产市场的状况，测算开发完成后的房地产价值、开发成本、管理费用、销售费用等，并通过计算利息的方式体现资金的时间价值，以此估算待开发房地产价值的方法。其公式为：待开发房地产价值＝开发完成后房地产价值－（取得待开发房地产应缴税费＋后续开发成本＋后续管理费用＋后续销售费用＋后续投资利息＋后续销售税费＋后续开发利润）。

（二）现金流量折现法

现金流量折现法是模拟开发过程，预测未来将要发生的现金流量，并通过折现的方式体现资金的时间价值，以此估算待开发房地产价值的方法。其公式为：待开发房地产价值＝开发完成后房地产价值的折现值－（取得待开发房地产应缴税费＋后续开发成本折现值＋后续管理费用折现值＋后续销售费用折现值＋后续销售税费折现值）。

四、假设开发法中各项的求取

（一）后续开发经营期

后续开发经营期的起点是假设取代待开发房地产的日期，即估价时点，终点是未来开发完成后房地产经营结束的日期。估算开发经营期可以采用类似于市场法的方法，即根据本地区相同类型、同等规模的类似开发项目的经营期来估算。

（二）开发完后的房地产价值

开发完成后的房地产价值一般采用市场法，根据类似房地产过去、现在及未来的变化趋势来推测判定。对于出租和营业的房地产，如写字楼、商店、餐馆等，可以先预测其租赁或经营收益，再用收益法将收益转换为价值。

（三）后续必要支出及应得利润

（1）投资者取得待开发房地产应缴的税费。这项税费通常根据当地的规定，按待开发房地产价值的一定比率来测算。

（2）后续开发成本、管理费用、销售费用等必要支出。这些必要支出要与开发完成后的房地产状况相对应，一般按照当地类似房地产开发项目的造价水平及取费标准进行求取。

（3）投资利息。投资利息和应得利润只在传统方法中才需要测算。在测算投资利息时要正确把握应计息项目、计息周期、计息期、计息方式和利率。计息期的费用通常假设均匀发生，并视为在计息期中点一次性投入。

（4）开发利润。测算开发利润时通常以一定基数乘以相应的利润率求得。利润率有直接成本利润率、投资利润率、成本利润率、销售利润率。

（四）折现率

折现率是在采用现金流量折现法时需要确定的一个重要参数，它相当于同一市场上类似房地产开发项目所要求的平均报酬率。资金利息率和开发利润率包括在折现率中。

第二节　假设开发法应用在建工程抵押价值评估案例及分析

一、估价对象基本情况①

（一）估价对象委托情况

本次估价对象为广州市增城区 *** 镇 **** 村 ******* 号用地及在建工程，土地使用权面积为 11 760 平方米，土地使用权人为 ****** 有限公司，土地用途为住宅用地，土地使用权类型为出让，目前项目正在施工，项目将建地下一层，地上 20 层的高层建筑 4 栋。公司现因建设资金需要，拟对该宗地及在建工程进行抵押，现委托估价公司评估土地使用权及在建工程的抵押价值，为确定估价对象抵押贷款额度提供参考依据。

估价公司拟在 2016 年 4 月 22 日至 2016 年 4 月 29 日期间对该宗地块进行评估，并于 2016 年 4 月 22 日对地块进行了实地查勘。

（二）估价对象权益状况

估价对象权益的确定主要根据产权证书及现场查勘情况进行确定。本案例根据委托方提

供的《国有土地使用证》，确定估价对象土地登记内容如下：宗地号为 ****** 号；地理位置：增城区中 *** 镇 *** 村 ****；土地使用权面积：11 760 平方米；土地用途：住宅用地；土地使用年限终止日期：2083 年 12 月 11 日；登记日期：2013 年 12 月 11 日。规划利用状况：现状宗地内存在残留建筑物。至估价基准日，本次估价依据委托方提供的《建设用地规划许可证》复印件显示 1.0＜容积率＜2.0、建筑密度≤30%、绿地率≥30%，本次估价取最大值，设定容积率为 2.0、建筑密度为 30%、绿地率为 30%。其他规划限制：无。

（三） 估价对象区位状况

估价对象区位主要是描述估价对象的具体位置及周边的配套、交通、基础设施等情况。本案例估价对象宗地位于广州市增城区 **** 镇 **** 村 *****，东至 *****、南至村道、西至山地、北至 ******。区域内通路、给水、排水、供电、通信及学校、医院等配套设施的完善程度：周边交通路网较密集，电力和自来水供应较充足，保证率较高；排水采用雨污分流；区域通信与市政通信网相联，通信线路以地下管线为主，辅以架空线路，通信线路畅通，区域内学校、医院等基础设施较完善齐全。区域内以住宅用地为主，周边多为自建房，居住氛围浓厚，整体环境一般。

（四） 估价对象实物状况

估价对象实物状况主要描述估价对象的内部情况，本案例估价对象宗地内场地平整，土地实际开发程度达到宗地外围五通（供水、排水、通路、通电、通信）和宗地内场地平整，现状宗地内为空地。土地形状呈长方形，地势平坦，承载力较强，无不良水文地质现象，城市规划对委估宗地所在区域无特殊限制。

二、制订估价作业方案

（一） 加深对在建工程房地产的认识

在建工程相对比较复杂，与一般房地产相比，表现出以下特点：

（1） 所有权的相对确定性。建设工程在主管部门正式颁发所有权证书之前，其所有权处于相对确定的状态。

（2） 合法性。在建工程房地产必须是经国家法定机关在其职权范围内，依照法律规定的程序进行审批后取得相关批文的合法工程，未经审批并取得规划红线图、施工许可证等合法手续的违章建筑不受法律保护，不可以抵偿法律文书确定的债务。

（3） 可转让性受限制。《城市房地产转让管理规定》第 10 条设置了在建工程转让的条件：按照出让合同约定进行投资开发，属于房屋建设工程的，应完成开发投资总额的 25% 以上。

（4） 可比性差。在建工程涵括了从刚刚投资兴建的工程到已完成建设但尚未验收交付使用的工程，跨度大造成了在建工程房地产之间基本没有任何可比性，所以不适合采用市场比较法估价。

（5） 形象进度与实际投资额较难一致。在建工程实际投资额，其账面价值包括预付材料款和预付设备款，同时也记录在建工程中应付材料款及应付设备款等，因此，在建工程投资不能完全体现在建工程的形象进度。

（6）法定优先受偿权优先于约定抵押权。根据《中华人民共和国合同法》第286条规定，发包人未按照约定支付价款的，承包人可以催告发包人在合同期限内支付价款。发包人逾期不支付的，除按照建设工程的性质不宜折价、拍卖的以外，承包人可以与发包人协议将工程折价，也可以申请人民法院将该工程依法拍卖。建设工程的价款就该工程折价或者拍卖的价款优先受偿。

（二）拟采用的估价技术路线

房地产估价技术路线是估价人员模拟房地产价格形成过程、揭示房地产价格内涵时的思路。一般根据中华人民共和国国家标准《房地产估价规范》和估价对象的特点以及评估目的来确定估价方法和技术路线。由于估价对象宗地所在区域为住宅区，周边楼盘较多，住宅交易较为频繁，可先用市场比较法预测项目竣工后的房地产价值。又由于估价对象属于待开发房地产，且土地利用条件明确，考虑到估价对象为在建工程项目，在建并尚未竣工，具有开发价值，符合假设开发法运用的条件，因此选用假设开发法作为本次估价的基本方法来评估计算估价对象价值。

三、搜集估价所需资料

（一）需委托方提供的资料

在建工程项目评估需委托方提供的资料有：（1）《国有土地使用权证》；（2）《建设用地规划许可证》；（3）《建设工程规划许可证》；（4）《建设工程施工许可证》；（5）《房屋面积预算（测算）成果报告书》；（6）《商品房买卖合同》；（7）土地出让合同；（8）出让金发票；（9）《商品房预售许可证》；（10）房地产产权情况表；（11）房地产权属证书；（12）委托方营业执照；（13）开发资质证书；（14）施工合同；（15）工程进度款发票；（16）完工进度说明；（17）交楼标准；（18）工程结算书及付款凭证；（19）租赁合同；（20）其他资料。

上述材料中，最主要的是四证一书：《国有土地使用权证》《建设用地规划许可证》《建设工程规划许可证》《建设工程施工许可证》和《房屋面积预算（测算）成果报告书》。对于在建工程而言，不同项目的特点和进展情况，委托方能够提供的资料会有所不同，应尽可能让委托方提供相应资料。

（二）需要估价机构另外搜集的资料

估价机构需要搜集与在建工程同类型的相关物业资料和案例信息，并通过正确的方法来评估同类型物业的市场价格。在建工程同类型物业的资料和相关案例信息，可以通过以下几个方面进行搜集。

（1）房地产专业门户网站。如搜房网、安居客、房价网、房王网等。

（2）分类网站房产频道。如赶集网、58同城等。

（3）政府行政管理部门网站。如国土资源和房屋管理局、规划局、统计局等政府网站。

（4）估价机构内部资料数据库。可在公司内部资料数据库搜集相关类似的案例。

（5）实地调查、走访和其他渠道收集信息资料。通过实地调查走访、问询当地房产中介，或通过电话与房产中介机构了解相关信息。

四、实地查勘估价对象

《房地产估价规范》4.0.5规定："估价人员必须到估价对象现场，亲身感受估价对象的位置、周围环境、景观的优劣，查勘估价对象的外观、建筑结构、装修、设备等状况，并对事先收集的有关估价对象的坐落、四至、面积、产权等资料进行核实，同时搜集补充估价所需的其他资料，以及对估价对象及其周围环境或临路状况进行拍照等。"

（一）在建工程实地查勘记录表

在建工程实地查勘记录的内容见表5-1。该表包括了估价对象内部和外部的情况。

（1）内部情况——在建工程状况，主要包括两方面的内容：一方面是在建工程的权属资料；另一方面是在建工程宗地和建筑的具体情况。

（2）外部情况——在建工程的交通和周边环境。

表5-1   在建工程实地查勘记录

				评估目的	
委托单位				评估目的	
在建项目名称				项目类型	
在建工程状况	权属资料				
	其他相关资料				
	宗地情况	宗地面积		内部基础设施	
		宗地用途		宗地形状	
		宗地四至			
	工程情况	建筑规模		建筑栋数	
		建筑结构		建筑层数	
		层高		规划用途	
		现场状况			
交通	公交站、客运站、火车站及机场的距离				
周边环境	如学校、医院、银行、邮局商场、菜市场、超市、公共配套等设施的距离				
特殊事项说明					

（二） 实地查勘要点

（1）宗地查勘。要注意查勘宗地形状、四至界址，是否平整、绿化、硬化，或是否铺设了通水、通电、通信的地下管道，道路修建情况等。

（2）建筑查勘。需要确认建筑是否封顶，外墙是否有装修，室内装修和建筑工程设施的安装情况等内容。

（3）周边环境查勘。周边环境的查勘要尽可能全面，并要通过拍照把查勘现场带回公司。

五、测算估价对象

根据委托方提供的《国有土地使用证》复印件、《建设用地规划许可证》等资料显示，规划指标见表 5−2。

表 5−2　　　　　　　　估价对象容积率及各类物业面积安排

	类　　　型	数量	单位	备注
	计算容积率面积	30 500	m²	
	总建筑面积	35 075	m²	
地上	住宅楼	28 000	m²	计算容积率
	公共配建	2 500		
地下	地下室	4 575	m²	
	其中地下停车位	202	个	

根据上述项目特点及情况，本次采用假设开发法（现金流量折现法），测算估价对象的市场价值。具体测算过程如下。

1. 项目可销售各类物业建筑面积。

可售住宅 28 000 平方米；可售地下车库 202 个。

2. 预计建设期和销售期。

根据该工程项目的特点、市场状况及工程实际进度情况，于估价时点 2016 年 4 月 22 日起预计项目建设期还需 1 年，住宅销售期从建设期结束前半年开始预售，一般情况下，第一年售出 70%，第二年售出 30%。

3. 预测各期销售楼价。

（1）项目住宅、车位在估价时点的销售价值测算。根据对该区域住宅楼盘市场情况的调查与分析，采用市场比较法测算项目住宅及车位与估价时点的市场价值。经比较分析后确定住宅市场价值和车位市场价值，具体比较计算见表 5−3 和表 5−4。

表 5-3　　　　　　　　　　　**市场比较法确定住宅销售均价**

项目		估价对象		比较案例 A		比较案例 B		比较案例 C	
物业名称				******		******		******	
位置		广州市增城区		广州市增城区		广州市增城区		广州市增城区	
用途		住宅		住宅		住宅		住宅	
结构		钢混		钢混		钢混		钢混	
成交价格元/m²		—		11 000		10 000		12 500	
比较内容		因素条件	指数	因素条件	指数	因素条件	指数	因素条件	指数
交易情况		正常	100	正常	100	正常	100	正常	100
交易日期		2016 年 4 月 22 日	100	2016 年 4 月 20 日	100	2016 年 4 月 15 日	100	2016 年 4 月 20 日	100
区域因素	繁华程度	距离中新镇商业中心距离较近,繁华程度较好	100	距离中新镇商业中心距离较近,繁华程度较好	100	距离中新镇商业中心距离较近,繁华程度较好	100	距离朱村商业中心距离较近,繁华程度较好	100
	居住环境	较好	100	较好	100	较好	100	较好	100
	交通便捷度	临地铁、国道	100	临地铁、国道	100	临高速公路	96	临地铁、国道	100
	环境质量	较好	100	较好	100	较好	100	较好	100
	公共设施完善度	较好	100	较好	100	较好	100	较好	100
	城市规划限制	无	100	无	100	无	100	无	100
个别因素	建筑结构	框架	100	框架	100	框架	100	框架	100
	建筑类型	高层建筑	100	高层建筑	100	高层建筑	100	高层建筑	100
	景观绿化	一般	100	一般	100	一般	102	较好	103

项目		估价对象		比较案例 A		比较案例 B		比较案例 C	
个别因素	装修状况	精装	100	精装	100	精装	100	豪华装修	103
	设施设备	设施一般	100	设施一般	100	设施一般	100	配套齐全	103
	新旧程度	全新	100	全新	100	全新	100	全新	100
总修正系数		—		1		1.04		0.92	
修正后单价（元/m²）		—		11 000		10 417		11 439	
估价对象比准价格（元/m²）		10 952							

表 5-4 市场比较法确定车位销售均价

项目		估价对象		比较案例 A		比较案例 B		比较案例 C	
物业名称		******		******		******		******	
位置		广州市增城区		广州市增城区		广州市增城区		广州市增城区	
用途		车位		车位		车位		车位	
结构		钢混		钢混		钢混		钢混	
成交价格（元/个）				120 000		115 000		120 000	
比较内容		因素条件	指数	因素条件	指数	因素条件	指数	因素条件	指数
交易情况		正常	100	正常	100	正常	100	正常	100
交易日期		2016 年 4 月 22 日	100	2016 年 4 月 20 日	100	2016 年 4 月 15 日	100	2016 年 4 月 20 日	100
区域因素	繁华程度	较好	100	较好	100	较好	100	较好	100
	交通便捷度	临地铁、国道	100	临地铁、国道	100	便捷度一般	96	临地铁、国道	100
	环境质量	较好	100	较好	100	较好	100	较好	100
	公共设施完善度	较好	100	较好	100	较好	100	较好	100

项目		估价对象		比较案例 A		比较案例 B		比较案例 C	
个别因素	停车场类型	地下停车位	100	地下停车位	100	地下停车位	100	地下停车位	100
	使用面积	一般	100	一般	100	一般	100	一般	100
	停车便捷度	较方便	100	较方便	100	较方便	102	较方便	100
	物业管理	一般	100	一般	100	一般	100	一般	100
总修正系数		—		1		1.04		1.00	
修正后单价（元/m²）		—		120 000		119 792		120 000	
估价对象比准价格（元/m²）		120 000							

（2）预测各年度销售总额。各年度的预计总销售额 = $\sum$ 各类物业当年的销售价格 × 该类物业的可销售建筑面积 × 当年预计的销售比例。

第一年总销售额 = （10 952 × 28 000 + 120 000 × 202） × 70%/10 000 = 23 162.72（万元）

第二年总销售额 = （10 952 × 28 000 + 12 0000 × 202） × 30%/10 000 = 9 926.88（万元）

4. 厘定折现率。

折现率等同于房地产开发项目的平均收益水平，包括资金的投资利息率和开发利润率。

（1）投资利润率。本次投资利息率取 1 年期的贷款利率，至估价时点，银行 1 年期贷款利率为 4.75%。

（2）开发利润率。房地产开发利润率主要受项目开发地的经济环境、项目的规模及特点等因素影响。根据广东地区房地产开发企业销售利润情况显示，一般企业净利润在 7% ~ 15%，利润率平均水平约为 11%。本次估价主要参考一般企业销售净利润，综合考虑估价对象项目规模、开发的难易程度及风险，最终确定项目的销售利润率为 11.25%。

通过上述对投资利息率、开发利润率的分析测算，厘定本次估价的折现率为 16%。

5. 计算折现在估价时点的总楼价。

总楼价 = $\sum$ 各类销售金额/（1 + 折现率)^(年限 - 0.5）（假设年度收入集中在年中）。

总楼价 = 23 162.72/（1 + 16%）+ 9 926.88/（1 + 16%）^1.5 = 27 913.61（万元）

6. 计算续建总建筑费。

续建总建筑费包含建筑、小区园林绿化、配套设施等的造价。

参考广州市地区建筑工程造价水平及类似项目造价案例，结合估价实际建安标准、装修情况及工程进度情况，预计项目建设期还需要 1 年，项目续建总建筑费用为 76 683 080 元，见表 5 - 5。

表5-5　　　　　　　　　　　　　　　　　　**续建费用估算**

序号	成本项目	指标说明	工程量（m²）	形象工程进度（%）	剩余工程量比率（%）	续建工程量（m²）	单价（元/m²）	续建费用（元）
一	土建工程							32 161 000
1	基础工程		35 075	100	0	0	120	0
2	地下主体工程		4 575	90	10	457.5	2 800	1 281 000
3	地上主体工程		30 500					30 880 000
①	住宅楼	建筑面积	28 000	40	60	16 800	1 600	26 880 000
②	公建配套楼		2 500	0	100	2 500	1 600	4 000 000
二	装修工程							36 874 500
1	地下建筑		4 575	0	100	4 575	60	274 500
2	地上建筑		30 500	0	100	30 500		36 600 000
①	住宅楼		28 000	0	100	28 000	1 300	36 400 000
②	公建配套楼		2 500	0	100	2 500	80	200 000
三	安装工程							7 435 900
1	室内水暖气电工程							3 507 500
①	给排水		35 075	0	100	35 075	50	1 753 750
②	燃气	总建筑面积	35 075	0	100	35 075	5	175 375
③	电气工程及灯具		35 075	0	100	35 075	45	1 578 375
2	设备及安装费		35 075					3 577 650
①	通风空调系统		35 075	0	100	35 075	12	420 900
②	电梯工程		35 075	0	100	35 075	35	1 227 625
③	发电机及安装		35 075	0	100	35 075	5	175 375
④	消防系统		35 075	0	100	35 075	50	1 753 750
3	弱电工程		35 075	0	100	35 075	10	350 750
四	园林绿化	绿化面积	3 528	0	100	3 528	60	211 680
五	红线内基础设施	土地面积	11 760	100	0	0	150	0
合计								76 683 080

折现至估价时点的续建总建筑费用 = 各年度的续建建筑费用×各建筑年投入的资金比例/（1＋折现率)^(年限－0.5)（假设年度投入集中在年中）。

折现至估价时点时的续建总建筑费用 $= 76\ 683\ 080/(1+16\%)^{(1-0.5)} = 71\ 198\ 452$（元）

7. 管理费用。

估价人员通过对广州地区类似房地产开发项目的管理费用与各项开发费用占比统计分析比较，估算管理费用约占建筑费和专业费用的 3% ~ 6%，估价人员根据估价对象的基本情况，结合市场调查及估价经验，取房屋开发成本的 3%。

管理费 $= 71\ 198\ 452 \times 3\% = 2\ 135\ 954$（元）

8. 不可预见费。

根据项目的复杂程度和前述各项费用估算的准确程度，一般取房屋开发成本和管理费用之和的 1% ~ 7%，估价人员根据估价对象的基本情况，结合市场调查及估价经验取 3%。

不可预见费 $= (71\ 198\ 452 + 2\ 135\ 954) \times 3\% = 2\ 200\ 032$（元）

9. 销售费用。

销售费用是指销售不动产发生的代理、广告、宣传等费用。根据广州市同类型的房地产销售费用一般为不动产总价的 0.5% ~ 2%，该商住楼规模较小，销售费用不大，取 2%。

销售费用 $= P \times 2\% = 27\ 913.61 \times 2\% = 558.27$（万元）

10. 销售税费。

销售税费是指预售未来开发完成的房地产或者销售已经开发完成后的房地产应由卖方缴纳的税费，根据目前广州市相关政策规定，房地产销售过程中应缴纳的税费主要有营业税、城市维护建设税、教育费附加等。

营业税：根据《中华人民共和国营业税暂行条例》，税率为 5%，税基为销售房地产的销售收入。

城市维护建设税：根据《城市维护建设税暂行条例》以及广州市当地税费政策，税率为 7%，税基为营业税额。

教育费附加：根据《征收教育费附加的暂行规定》，税率为 3%，税基为营业税额。

印花税：根据《中华人民共和国印花税暂行条例》以及广州市当地税费政策，税率为 0.05%，其税基为销售合同金额即销售收入。

综上，销售税费为销售收入的 5.55%，设房地产销售价格为 P，则销售税费为：

销售税费 $= P \times 5.55\% = 27\ 913.61 \times 5.55\% = 1\ 549.21$（万元）

11. 买方购地应负担的税费。

根据税法及中央和广州市人民政府的有关规定，购买土地时买方应负担的税费通常只交纳交易服务费和契税，交易服务费企业为按企业 0.4%（总地价），契税为购买土地的价格的 3%，购买土地时买方应负担的税费为 3.4%（总地价）。

12. 计算在建工程价值。

剩余法计算公式：待估宗地地价 = 开发完成后的不动产总价折现值 − 开发成本折现值 − 管理费用折现值 − 不可预见费用折现值 − 销售费用折现值 − 销售税费折现值 − 买方购买估价宗地应负担的税费。

$V = 279\ 136\ 100 - 71\ 198\ 452 - 2\ 135\ 954 - 2\ 200\ 032 - 5\ 582\ 721 - 15\ 492\ 051 - 0.034V$

$V = 176\ 524\ 995$（元）

六、案例总结

（一）方法的适用性分析

本案例中估价对象为在建工程，流动性相对较差，市场价值不显著，成本角度核算相对容易，但不能真正反映估价对象的市场价值。根据市场分析，估价对象建成之后的价值容易估算，续建成本也能够准确把握，因此要选择假设开发法进行估价。

（二）方法使用的灵活性分析

本案例所采用的主导方法是假设开发法，但在预测估价对象完成后的价值时采用的是市场比较法，如果要求更精确，在期日修正方面还可以利用长期趋势法进行辅助。所以，我们在估价时，尽量不要孤立地用一种方法去评估估价对象，而是要深刻把握每一种估价方法的特点和用途，在房地产估价中灵活地运用。

第三节　假设开发法应用土地抵押价值评估案例及分析

一、估价对象基本情况[①]

（一）估价对象委托情况

本次估价对象为广州市增城区 **** 镇团结村 ****** 号用地，土地使用权面积为 5 410.12 平方米，土地使用权人为广州市 **** 有限公司，土地用途为住宅用地，土地使用权类型为出让。公司现因开发需求，拟对该宗地进行抵押，现委托估价公司评估土地在2015 年 7 月 22 日的使用权抵押价值，为确定估价宗地抵押贷款额度提供参考依据。

估价公司拟在 2015 年 7 月 22 日至 2015 年 7 月 29 日期间对该宗地块进行评估，并于2015 年 7 月 22 日对地块进行了实地查勘。

（二）估价对象权益状况

估价对象权益的确定主要根据产权证书及现场查勘情况进行确定。本案例根据委托方提供的《国有土地使用证》，确定估价对象土地登记内容如下：宗地号为 1 - 3480；地理位置：增城区 **** 镇 **** 村 ****；土地使用权面积：5 410.12 平方米；土地用途：住宅用地；土地使用年限终止日期：2083 年 12 月 11 日；登记日期：2013 年 12 月 11 日。规划利用状况：现状宗地内存在残留建筑物。至估价基准日，本次估价依据委托方提供的《建设用地规划许可证》复印件显示 1.0 ≤ 容积率 ≤ 2.0、建筑密度 ≤ 30%、绿地率 ≥ 30%，本次估价取最大值，设定容积率为 2.0、建筑密度为 30%、绿地率为 30%。其他规划限制：无。

[①] 本案例由广东中正土地房地产评估有限公司提供。

（三） 估价对象区位状况

估价对象区位主要是描述估价对象的具体位置及周边的配套、交通、基础设施等情况。本案例估价对象宗地位于广州市增城区 **** 镇 **** 村 **** ，东至 ****** 、南至村道、西至山地、北至 ***** 。区域内通路、给水、排水、供电、通信及学校、医院等配套设施的完善程度：周边交通路网较密集，电力和自来水供应较充足，保证率较高；排水采用雨污分流；区域通信与市政通信网相联，通信线路以地下管线为主，辅以架空线路，通信线路畅通，区域内学校、医院等基础设施较完善齐全。区域内以住宅用地为主，周边多为自建房，居住氛围浓厚，整体环境一般。

（四） 估价对象实物状况

估价对象实物状况主要描述估价对象的内部情况，本案例估价对象宗地内场地平整，土地实际开发程度达到宗地外围五通（供水、排水、通路、通电、通信）和宗地内场地平整，现状宗地内为空地。土地形状呈长方形，地势平坦，承载力较强，无不良水文地质现象，城市规划对委估宗地所在区域无特殊限制。

二、拟采用的估价技术路线和估价方法

根据《城镇土地估价规程》（以下简称"规程"），常用的地价估价方法有市场比较法、收益还原法、剩余法（假设开发法）、成本逼近法、基准地价系数修正法等。具体估价方法的选取要根据手头掌握的资料和实地查勘的情况进行确定，本次估价根据估价对象土地的特点及开发项目自身的实际情况，可选取剩余法进行估价。主要出于以下考虑：

（1）由于近期与估价宗地所在区域地产市场不活跃，土地市场上近期成交的同类或类似的可比案例（同一供需圈内、用途一致、邻近区域）不多，故不适宜选取市场比较法进行估价。

（2）估价对象位于统一规划的开发区内，且地块有统一的规划控制条件，因此适宜采用剩余法进行估价。

（3）由于宗地周边区域的房地产已经建设或正在建设，土地累计投入成本特别是政府基础设施投入的部分难以量化，用成本逼近法测算的结果与目前市场价格有较大的差距，本次评估不适宜使用。

（4）由于宗地尚未进行建设，未得到最佳最有效的利用，纯土地的经济效益难以充分体现出来，故不宜用收益还原法评估。

三、搜集估价所需资料

（一） 需委托方提供的资料

该项目估价是为确定估价宗地抵押贷款额度提供依据，根据银监会《商业银行房地产贷款风险管理指引》第十五条规定："商业银行对未取得国有土地使用证、建设用地规划许可证、建设工程规划许可证、建筑工程施工许可证的项目不得发放任何形式的贷款。"因此，该项目评估需委托方提供的资料必须有《国有土地使用权证》、《建设用地规划许可证》、《建设工程规划许可证》和《建设工程施工许可证》。此外，还需要委托方提供营业执照、开发资质证书等证明文件。

（二）需估价机构另外搜集的资料

估价机构需要搜集与待估地块用途相同的周边物业的相关信息，可以通过以下几个方面进行搜集。

（1）房地产专业门户网站。如搜房网、安居客、房价网、房王网等。

（2）分类网站房产频道。如赶集网、58 同城等。

（3）政府行政管理部门网站。如国土资源和房屋管理局、规划局、统计局等政府网站。

（4）估价机构内部资料数据库。可在公司内部资料数据库搜集相关类似的案例。

（5）实地调查、走访和其他渠道收集信息资料。通过实地调查走访、问询当地房产中介，或通过电话与房产中介机构了解相关信息。

四、实地查勘估价对象

（一）土地查勘记录表

土地查勘记录的内容见表 5-6。该表包括了估价对象内部和外部的情况。

（1）内部情况，主要包括地块的权属资料、形状、地势、平整度、内部基础设施以及利用现状。

（2）外部情况，主要包括地块周边的商业繁华度、交通、基础设施、公共配套设施及环境。

表 5-6 土地查勘记录

	土地使用权人			
	土地使用权证		出让价格	
	土地使用权性质		土地面积	
	坐落位置			
土地基本情况	土地用途		实际容积率	
	土地法定使用年限		宗地形状	
	绿化率		建筑密度	
	项目四至			
	土地地势及平整度			
	土地内部基础设施情况			
	土地利用现状			

土地周边及区域状况	商业繁华度	距商服中心距离	
		距集贸市场距离	
	交通条件	区域道路状况（交通道数量）	
		公交线路数量	
		距公交站、地铁口距离	
		外部交通通达情况	
		内部交通进入情况	
	基础设施状况	供水情况	
		供电情况	
		通信接入情况	
		燃气接入情况	
	公用配套设施	教育、医疗等机构的距离	
		银行、邮局等机构的距离	
		文体娱乐等设施的距离	
	环境质量	区域自然环境及周围景观	
		人文环境（治安、声望度）	
	其他		

（二）实地查勘要点

（1）宗地查勘。要注意查勘宗地形状、四至界址，是否平整、绿化、硬化，或是否铺设了通水、通电、通信的地下管道，道路修建情况等。

（2）周边环境查勘。周边环境的查勘要尽可能全面，并要通过拍照把查勘现场带回公司。

五、测算估价对象价值

（一）确定最佳开发方式

依据委托提供的《国有土地使用证》复印件、《建设用地规划许可证》等资料，估价对象的法定用途为住宅用地。根据估价人员现场查勘时对周边土地开发利用情况的调查，估价对象位于广州市增城区****镇****村****，所在位置周边住宅氛围浓厚，商业配套齐全。且估价宗地周边活动人群主要为当地居民。结合委托方提供的相关资料，经综合分析后，估价人员认为最高最佳利用方式应以住宅为主。

至估价基准日，本次估价依据委托方提供《建设用地规划许可证》复印件显示 1.0 < 容积率 < 2.0、建筑密度 ≤ 30%、绿地率 ≥ 30%，本次估价取最大值，设定容积率为 2.0、

建筑密度为30%、绿地率为30%。计算容积率建筑物面积为10 820平方米。具体情况见表5-7。

表5-7   **销售情况**

用地面积 （m²）	设定容积率	总建筑面积 （m²）	功能	建筑类型	建筑结构
5 410.12	2.0	10 820	住宅	高层小区	钢混

（二）确定开发经营期

参照《广东省建筑与装饰工程综合定额》等文件，结合估价对象所在区域类似房地产的建设工期及估价对象的具体情况进行分析后，项目开发周期从估价基准日至销售完毕，包括准备期、工程建造期和销售期三个阶段。根据当地同类房地产开发状况及对当地市场进行认真调查和分析，结合估价对象的规模，设定建设期为1年，工程费用均匀投入，项目建成后开始销售，销售期为1年，均匀销售，则可视为在年销售期期中一次性收回销售款。

（三）项目开发完的房地产总价

1. 预测销售价格。

本项目为住宅用地，开发完成后主要用于销售，开发完之后的价值宜采用销售模式确定价格，具体通过市场比较法来预测住宅楼建成后的价值。市场比较法是指将估价对象与估价时点近期有过交易的类似房地产进行比较，对这些类似房地产的已知价格作适当的修正，以此估算估价对象合理价格或价值的方法。经评估人员对房地产市场进行调查，根据交易时间接近、用途相同、地段相似的原则，仔细筛选，确定以下三个住宅（均价）作为比较交易案例，详细资料见表5-8。

表5-8   **市场比较法确定住宅销售均价**

内容	估价对象	比较案例一	比较案例二	比较案例三
物业名称		*****	*****	*****
物业位置	广州市增城区	广州市增城区	广州市增城区	广州市增城区
物业用途	住宅	住宅	住宅	住宅
成交价格（元/m²）	—	8 200	9 000	8 200
交易情况		市场平均售价	市场平均售价	市场平均售价
交易时间	2015年7月22日	2015年7月	2015年7月	2015年7月

内容		估价对象	比较案例一	比较案例二	比较案例三
区域因素	繁华程度	距离中新镇商业中心距离较近，繁华程度较好	距离朱村商业中心距离较近，繁华程度较好	距离中新镇商业中心距离较近，繁华程度较好	距离新塘镇较近，繁华程度较好
	居住环境	较好	较好	较好	较好
	交通便捷度	附近有城镇车辆往返穿梭城区，交通便捷度一般	附近有城镇车辆往返穿梭城区，靠近地铁口，靠近广汕公路，交通便捷程度较好	附近有城镇车辆往返穿梭城区，交通便捷程度较好	附近有城镇车辆往返穿梭城区，交通便捷程度较好
	公共设施完善度	较完善	较完善	较完善	较完善
	城市规划限制	无	无	无	无
个别因素	建筑结构	钢筋混凝土结构	钢筋混凝土结构	钢筋混凝土结构	钢筋混凝土结构
	建筑类型	高层住宅	高层住宅	高层住宅	高层住宅
	景观影响	一般	一般	一般	一般
	装修状况	简单装修	简单装修	简单装修	简单装修
	设施设备	完备	完备	完备	完备
	新旧程度	全新	较新	全新	较新

综上所述，估价人员对估价对象与各比较实例在交易情况、交易期日、区域因素、个别因素等方面的差异进行比较分析，具体修正见表5-9。

表5-9 比较因素修正

内容	比较案例一	比较案例二	比较案例三
物业名称	*****	*****	*****
成交价格（元/m²）	8 500	9 000	8 700
物业位置	广州市增城区	广州市增城区	广州市增城区
物业用途	100/100	100/100	100/100
交易情况	100/100	100/100	100/100
交易时间	100/100	100/100	100/100

内容		比较案例一	比较案例二	比较案例三
区域因素	繁华程度	100/100	100/100	100/100
	居住环境	100/100	100/100	100/100
	交通便捷度	100/103	100/104	100/104
	环境质量	100/100	100/100	100/100
	公共设施完善度	100/100	100/100	100/100
	城市规划限制	100/100	100/100	100/100
个别因素	建筑结构	100/100	100/100	100/100
	建筑类型	100/100	100/100	100/100
	景观影响	100/100	100/100	100/100
	装修状况	100/100	100/100	100/100
	设施设备	100/100	100/100	100/100
	新旧程度	100/99	100/100	100/99
区域因素修正系数		0.97	0.96	0.96
个别因素修正系数		1.01	1.00	1.01
比准价格（元/m²）		8 335.79	8 653.85	8 449.88
住宅单价（元/m²）		8 480		

2. 确定开发完成后的房地产价值。

根据上述对估价对象物业价值的分析、测算，结合估价对象开发规模与开发利用方式，确定开发完成后的房地产价值，见表 5 - 10。

表 5 - 10   估价对象预期房产价值明细

项目	建筑面积（m²）	预计单价（元/m²）	销售比例（%）	合计（万元）
住宅	10 820	8 480	100	9 175.18

（四）房屋开发成本

根据项目的具体情况确定房屋开发总建筑费主要包含前期工程费（测量、勘查、设计、规划费、报建费、质监费、监理费等设施的建设费用以及有关主管部门收取的各项相关税、费）、基础工程、主体工程、水电安装工程、消防工程、通信工程、室外设施工程等造价。根据《2015 年广州市建筑工程价格信息》《广州市房地产统计年鉴》及项目的自身条件，详细造价见表 5 - 11。

表 5 – 11建筑成本造价

序　号	项目名称	单位造价（元/m²）
1	前期工程	200
2	基础工程	80
3	主体工程	1 600
4	水电安装工程	80
5	消防工程	70
6	通信工程	30
7	电梯工程	100
8	公共装修工程	100
9	室外配套工程	100
小计（保留两位小数）	—	2 360.00

房屋开发成本为 10 820 × 2 360/10 000 = 2 553.52（万元）

（五）其他各项费用

1. 管理费。

参照广州市建筑工程项目和结合估价对象的实际情况，管理费一般取房屋开发成本的 3% ~6%，估价人员根据估价对象的基本情况，结合市场调查及估价经验，取房屋开发成本的 3%。

2. 不可预见费。

不可预见费根据项目的复杂程度和前述各项费用估算的准确程度，一般取房屋开发成本和管理费用之和的 1% ~7%，估价人员根据估价对象的基本情况，结合市场调查及估价经验取 3%。

3. 销售费用。

销售费用是指销售不动产发生的代理、广告、宣传等费用。根据广州市同类型的房地产销售费用一般为不动产总价的 0.5% ~2%，该商住楼规模较小，销售费用不大，取 2%。

销售费用 = P×2%

（六）投资利息

投资利息是指在房地产开发完成或销售之前发生的所有必要费用应计算的利息，包括土地取得成本、开发成本、管理费用、销售费用都应计算利息。

参照《广州市建设工程施工工期标准》（2015），结合估价对象建筑规模、建筑结构等因素，认为估价对象正常开发期为 1 年，计息利率取中国人民银行于估价时点近期最新公布的 1 年期的贷款年利率 5.1%，按复利计算，并设定开发建设费在开发期内均匀投入，则开发成本、管理费用、销售费用的计息周期为项目开发期一半。

（七） 销 售 税 费

销售税费是指预售未来开发完成的房地产或者销售已经开发完成后的房地产应由卖方缴纳的税费，根据目前广州市相关政策规定，房地产销售过程中应缴纳的税费主要有营业税、城市维护建设税、教育费附加等。

营业税：根据《中华人民共和国营业税暂行条例》，税率为5%，税基为销售房地产的销售收入。

城市维护建设税：根据《城市维护建设税暂行条例》以及广州市当地税费政策，税率为7%，税基为营业税额。

教育费附加：根据《征收教育费附加的暂行规定》，税率为3%，税基为营业税额。

印花税：根据《中华人民共和国印花税暂行条例》以及广州市当地税费政策，税率为0.05%，其税基为销售合同金额即销售收入。

综上，销售税费为销售收入的5.55%，设房地产销售价格为 P，则，

销售税费 = P×5.55%

（八） 开 发 利 润

开发利润是指房地产开发企业的利润，而不是建筑承包商的利润。在现实中，开发利润是一种结果，是由销售收入（售价）减去各种成本、费用和税金后的余额。按照国际惯例，房地产开发利润应该为房价的15%左右，但是，据有关专家分析，目前我国开发商的利润在10%~30%。

估价人员根据估价对象项目定位、项目实际情况，结合国家发展改革委、建设部颁布的《建设项目经济评价方法与参数》及我国房地产开发行业利润现状、广州市房地产市场状况，确定估价对象销售利润率取25%。

房地产估价中开发利润有以下四种计算方式：直接成本利润率、投资利润率、成本利润率、销售利润率。同时，开发利润的计算基数相应有四种，是该类房地产开发项目在正常条件下房地产开发商所能获得的平均利润，通常按照一定基数乘以相应的利润率来计算。本次评估采用销售利润率，以房地产的销售价格 P 为计算基数。

开发利润 = P×25%

（九） 买 方 购 地 应 负 担 的 税 费

根据税法及中央和广州市人民政府的有关规定，购买土地时买方应负担的税费通常只交纳交易服务费和契税，交易服务费企业为按企业0.4%（总地价），契税为购买土地的价格的3%，购买土地时买方应负担的税费为3.4%（总地价）。

（十） 估 价 结 果 的 确 定

剩余法计算公式：待估宗地地价 = 不动产总价 - 开发成本 - 管理费用 - 不可预见费用 - 销售费用 - 投资利息 - 投资利润 - 税费 - 买方购买估价宗地应负担的税费。估价结果见表5-12。

表 5 – 12 估价结果

序号	计费项目	计费依据	结果（万元）
一	预期开发价值	见表 5 – 10	9 175.18
二	房屋开发成本	见表 5 – 11	2 553.52
三	管理费用	二 ×3%	76.61
四	不可预见费	（二 + 三）×3%	78.90
五	销售费用	一 ×2%	183.50
六	投资利息（除地价外）	（二 + 三 + 四 + 五）× $[(1+5.1\%)1.5/2-1]$	109.95
七	地价投资利息	$(1+5.1\%)1.5-1$	0.08V
八	投资利润	一 ×25%	1 376.28
九	销售税金	一 ×5.55%	509.22
十	购买土地税费	地价 ×3.4%	0.034V
十一	剩余法总地价	—	3 919.31

即：宗地地面单价 = 3 919.31 ÷ 5 410.12 × 10 000 = 7 244.40（元/平方米）

六、案例总结

（一）估价方法选用的适用性

本案例中估价对象为土地，土地的评估方法很多，但由于该宗土地规划指标相当齐全，当地的房地产市场也非常活跃，根据最高最佳使用原则，选择假设开发法对估价对象进行估价，更能反映估价对象的价值。值得注意的是，在预测项目开发成本和开发完价值的时候一定要谨慎，不能随意拔高项目开发完之后的售价或租金水平，更不能降低项目建造价格，否则就高估了估价对象。

（二）估价方法运用关键点

采用假设开发法时，要正确预测项目的最佳开发方式，估价人员通常会与估价对象委托方沟通，了解土地未来的开发利用方式。但有时候，当事人对土地未来开发利用方式的设想和规划并非最佳。所以，估价人员不能站在特定投资人的角度去确定土地未来的开发方式，而是要根据市场情况和搜集到的资料，站在一般投资者的角度去确定土地未来的开发方式。

【课后训练】

在当地国土资源网站上选择一宗熟悉的已出让宗地，利用假设开发法对其评估，然后比较估值与公开出让价之间的差异。

第六章

基准地价法应用案例及分析

【学习目标】

1. 掌握基准地价修正法适用的对象、条件和理论依据；
2. 熟悉基准地价修正法的理论依据、基本公式和操作步骤；
3. 能够运用基准地价修正法进行土地价格评估。

第一节　基准地价法理论回顾及应用要点

一、基准地价修正法的基本原理

基准地价修正法是在政府确定并公布了基准地价的地区，利用有关调整系数，将估价对象宗地所处土地级别或地价区段的基准地价调整为估价对象价格的方法。

基准地价修正法离不开基准地价，每个城镇的基准地价都有其特定的内涵，包括基准日期、土地用途、土地使用权性质、土地使用期限、土地条件和容积率等。

基准地价修正法的基本原理是替代原理，即通过比较待估宗地与基准地价的土地条件、区域条件、使用年限、容积率等方面的差异，对照因素修正系数表，选择适宜的修正系数，对基准地价进行修正、调整，即可得到待估宗地地价。

二、基准地价修正法的适用性及估价步骤

基准地价修正法适用于完成基准地价评估的城镇土地估价，该方法可在短期内快速地评估多宗土地的价格。运用该方法评估宗地，一般包括以下步骤。

1. 搜集有关基准地价的资料。
2. 查出估价对象宗地所在土地级别或地价区段的基准地价。
3. 进行市场状况调整。

将基准地价在基准日期的价值调整到估价时点的价值。

4. 土地状况调整。

将估价对象宗地的状况，包括位置、土地使用期限、土地条件、容积率、土地形状、临街状况等内容，与在评估基准地价时设定的有关条件或状况进行比较，将基准地价调整为在

估价对象宗地状况下的价格。

5. 将基准地价和调整系数代入公式，求出待估宗地价格。

待估宗地地价 = 待估宗地所处地块的基准地价 × 市场状况调整系数 × 土地状况调整系数。

第二节　基准地价法应用土地估价案例及分析

一、估价对象基本情况介绍[①]

（一）估价对象委托情况

本次估价对象为广州市 *** 区 *** 镇 ***** 号用地，土地使用权人为广州市 ***** 有限公司，土地基本情况见表 6 - 1。公司现因开发需求，拟对该宗地进行抵押，现委托估价公司评估土地在 2015 年 7 月 22 日的使用权抵押价值，为确定估价宗地抵押贷款额度提供参考依据，基本情况见表 6 - 1。

表 6 - 1　　　　　　　　　　　　估价对象基本情况

宗地编号	宗地坐落	土地用途	宗地面积（平方米）	容积率	建筑面积（平方米）	建筑密度	绿地率
1 - 3480	增城市中新镇团结村焦岜岗	居住	5 410.12	≤2.0	≤10 820	≤30%	≥30%

（二）估价对象权益状况

估价对象权益的确定主要根据产权证书及现场查勘情况进行确定。本案例根据委托方提供的《国有土地使用证》，确定估价对象土地登记内容如下：宗地号为 1 - 3480；地理位置：广州市 **** 区 **** 增城区中新镇团结村焦岜岗；土地使用权面积：5 410.12 平方米；土地用途：住宅用地；土地使用年限终止日期：2083 年 12 月 11 日；登记日期：2013 年 12 月 11日。规划利用状况：现状宗地内存在残留建筑物。至估价基准日，本次估价依据委托方提供的《建设用地规划许可证》复印件显示 1.0 ≤ 容积率 ≤ 2.0、建筑密度 ≤ 30%、绿地率 ≥ 30%，本次估价取最大值，设定容积率为 2.0、建筑密度为 30%、绿地率为 30%。其他规划限制：无。

（三）估价对象区位状况

估价对象区位主要是描述估价对象的具体位置及周边的配套、交通、基础设施等情况。

---

① 本案例由广东中正土地房地产评估有限公司提供。

本案例估价对象宗地位于广州市 **** 区 **** 镇 ***** ，东至 ***** 、南至村道、西至山地、北至 ***** 。区域内通路、给水、排水、供电、通信及学校、医院等配套设施的完善程度：周边交通路网较密集，电力和自来水供应较充足，保证率较高；排水采用雨污分流；区域通信与市政通信网相联，通信线路以地下管线为主，辅以架空线路，通信线路畅通，区域内学校、医院等基础设施较完善齐全。区域内以住宅用地为主，周边多为自建房，居住氛围浓厚，整体环境一般。

（四） 估价对象实物状况

估价对象实物状况主要描述估价对象的内部情况，本案例估价对象宗地内场地平整，土地实际开发程度达到宗地外围五通（供水、排水、通路、通电、通信）和宗地内场地平整，现状宗地内为空地。土地形状呈长方形，地势平坦，承载力较强，无不良水文地质现象，城市规划对委估宗地所在区域无特殊限制。

二、估价方法选择分析

根据《城镇土地估价规程》（以下简称"规程"），常用的地价估价方法有市场比较法、收益还原法、剩余法（假设开发）、成本逼近法、基准地价系数修正法等。具体估价方法的选取要根据手头掌握的资料和实地查勘的情况进行确定，本次估价根据估价对象土地的特点及开发项目自身的实际情况，可选取基准地价法进行估价。主要出于以下考虑：

（1）由于近期与估价宗地所在区域地产市场不活跃，土地市场上近期成交的同类或类似的可比案例（同一供需圈内、用途一致、邻近区域）不多，故不适宜选取市场比较法进行估价。

（2）估价对象宗地位于广州市基准地价覆盖范围内，且广州市基准地价于2015年1月1日公布，并有相应的计算宗地地价的修正体系，故可选用基准地价系数修正法进行评估。

（3）由于宗地周边区域的房地产已经建设或正在建设，土地累计投入成本特别是政府基础设施投入的部分难以量化，用成本逼近法测算的结果与目前市场价格有较大的差距，本次评估不适宜使用。

（4）由于宗地尚未进行建设，未得到最佳最有效的利用，纯土地的经济效益难以充分体现出来，故不宜用收益还原法评估。

三、估价方法应用及要点

（一） 估价公式

1. 基准地价系数修正法的涵义。

基准地价系数修正法是利用城镇基准地价和基准地价修正系数等地价评估成果，按照替代原则，对待估宗地的土地条件与同级别或均质地域内同类用地的土地条件相比较，根据二者在区域条件、个别条件等方面的差异大小，并对照修正系数及估价期日地价指数、容积率及使用年期等对基准地价进行修正，进而求取待估宗地在估价基准日的价格的方法。

2. 适用公式。

基准地价修正法计算公式如下：

$$P = P_O \times K_q \times K_r \times K_l \times K_y \times K_o + F \qquad (6-1)$$

式中：P 为待估宗地楼面地价；P_o 为待估宗地所在位置的网格点地价；K_q 为期日修正系数；K_l 为临江修正系数；K_r 为容积率修正系数；K_y 为年期修正系数；K_o 为其他个别因素修正系数；F 为开发程度修正系数。

（二）估价测算具体过程

1. 查询估价对象所在区域的网格地价。

广州基准地价图采取的是网格价，每个网格代表的是 300 米×300 米的正方形，根据土地用途在每个网格上标注对应的基准地价。首先，要正确在电子地图上标出估价对象的位置，见图 6-1。

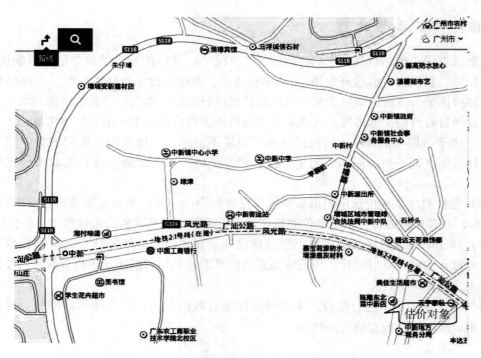

图 6-1　含参照点的估价对象二维位置图

其次，找到估价对象所在的基准地价图，即广州市增城区住宅用地基准地价图，共 10 个图幅，估价对象在图幅 8 上，通过比对周边道路的位置，基本可以在基准地价图上确定待估宗地大致所在区域，见图 6-2。

比较图 6-1 和图 6-2，广汕公路是相对比较明显的标准，广汕公路北边的支路是中福路，南边的支路是新墩路，估价对象就在新墩路上，临广汕公路 300 米，由此确定估价对象对应的基准地价为 1 936 元/平方米。通过查阅广州市国土资源和房屋管理局基准地价文件，明确该基准地价的内涵，见表 6-2。

1619	1780	1798	1899	2039	2169	2057	1802
1826	2059	2084	1994	1907	2016	2006	1843
1901	2181	2341	2150	2001	2007	1092	1886
1924	2181	2146	2087	2044	2008	1936	1858
1854	1956	2007	2033	1985	1916	1847	1947
1570	1629	1730	1740	1704	1597	1793	1952
1143	1259	1357	1366	1562	1758	1920	

中新村

中新镇

估价对象

图 6-2　含参照点的基准地价网格图

表 6-2　　　　　　　　　　　增城区住宅基准地价内涵

区　域		增　城
居住用地	基准日	2015 年 1 月 1 日
	土地开发程度	五通一平
	平均容积率	2.1
	土地使用年限	70 年
	价格类型	平均楼面地价

2. 市场状况修正。

广州市基准地价对应的估价基准日为 2015 年 1 月 1 日,而待估宗地的估价基准日为 2015 年 7 月 22 日,中间有 6 个多月的跨度,这段时间土地市场价格发生了较大变化,所以要进行期日修正。根据中国城市地价动态监测网公布的广州地价水平可以整理得到表 6-3。

表 6-3　　　　　　　　　　　广州市地价水平情况一览　　　　　　　　　　　单位:元/m²

年　份	季　度	住　宅
2014	4	25 625
2015	1	26 086
2015	2	26 459
2015	3	27 193

由表 6 – 3 可以发现，广州住宅用地出让均价从两个季度前的 25 625 元/平方米增长到估价基准日的 26 459 元/平方米，价格涨幅为 3.25%。所以期日修正系数可以确定为 103.25%。

3. 容积率修正。

待估宗地容积率为 2.0，根据表 6 – 4 可知容积率需要修正的系数为：

$A_r = (2.1/2.0)^{0.45} = 1.02$

表 6 – 4 增城及从化居住用地容积率修正系数

容积率	≤1.0 别墅	≤1.0 低密度住宅	$1.0 < r < 2.1$	$2.1 \leqslant r < 7.0$	$r \geqslant 7.0$
修正系数	3.0	$(2.1/r)^{0.3}$	$(2.1/r)^{0.45}$	$(2.1/r)^{0.125}$	0.86

4. 临江修正。

临增城增江和东江航道两岸的临江宗地，其临江宗地线以内 50 米部分的基准地价在原基础上增加 10%。待估宗地不临江，所以临江修正系数为 1。

5. 使用年限修正。

根据该宗地《国有土地使用权证》显示，待估宗地的使用年限还剩 68.5，而住宅用地的基准地价是最高使用年限 70 年的价格，所以要进行使用年限修正。土地还原利率根据最新修订的《广州市基准地价修正体系》，确定土地还原利率为 7.25%，使用年限修正公式修正如下：

$$k = [1 - 1/(1 + r)^n]/[1 - 1/(1 + r)^m]$$
$$= [1 - 1/(1 + 7.25\%)^{68.5}]/[1 - 1/(1 + 7.25\%)^{70}]$$
$$= 0.9992$$

6. 其他个别因素修正，见表 6 – 5。

表 6 – 5 其他个别因素修正系数

指标标准	优	较优	一般	较劣	劣
指标说明	形状规则、地形地质及环境状况好	形状基本规则、地形地质及环境状况良好	形状基本规则、地形地质及环境状况适宜	形状不规则、地形地质及环境状况较差	形状极不规则、地形地质及环境状况差
修正系数	1.10 ~ 1.05	1.05 ~ 1.0	1	1.0 ~ 0.95	0.95 ~ 0.90

待估宗地近似于矩形，形状规则，场地基本平整，两面临路，交通方便，周边环境状况良好，修正系数确定为 1.05。

7. 开发程度修正。

基准地价设定开发程度为"五通一平"，当待估宗地基础设施配套程度达不到或超过"五通一平"时，应进行开发程度修正。基础设施配套程度修正值范围见表 6 – 6。

表 6 – 6　　　　　　　　　**基础设施配套程度修正值范围**　　　　　　单位：元/m²（土地面积）

开发程度	道路	给水	排水	电力	邮电	煤气	平整土地
开发费用	50～90	10～30	5～20	39～90	6～20	20～40	15～20

经实地查勘，待估宗地实际开发程度为"五通一平"，与基准地价设定开发程度一致，故开发程度修正为 0。

8. 计算待估宗地地价。

待估宗地单位楼面地价 = 1 936 × 1.0325 × 1 × 1.02 × 0.9984 × 1.05 + 0 = 2 139 （元/平方米）

待估宗地单位地价 = 2 139 × 2 = 4 278 （元/平方米）

待估宗地总价 = 4 278 × 5 410.12 ÷ 10 000 = 2 314.45 （万元）

四、案例总结

（一） 基准地价系数修正法应用的前提条件

（1）估价对象所在地有公布基准地价，并且定期有更新，更新的时间间隔不超过 3 年。按照《城镇土地估价规程》规定，超过 3 年没有更新的基准地价体系价格误差太大，不得使用该方法。本次估价时点离基准地价日期不到两年，所以可以采用基准地价系数修正法。

（2）估价人员必须收集掌握当地城市的基准地价修正体系，否则很难对基准地价作出合理的修正。修正体系会随着基准地价的更新而更新。

（二） 基准地价系数修正法评估结果评价

根据广州市国土资源和房屋管理局 2013 年 12 月 5 日公示的挂牌出让结果，广州市侨建房地产有限公司以总价 1 750 万元竞得该地块，折合楼面地价 1 617 元/平方米，时隔近两年，通过基准地价修正得到楼面地价为 2 139 元/平方米，增幅超过 30%。但通过假设开发法评估出来的楼面地价为 3 622 元/平方米。相比基准地价结果，高出了 69%。事实上，基准地价系数修正法评估的结果可能偏低。这与制定基准地价的目的及过程有一定关系。政府公布基准地价不仅仅是为了方便估价机构使用该方法评估宗地价值，更是因为基准地价还与征收补偿、土地交易课税等联系紧密。出于谨慎考虑，政府制定的标准可能偏低。

【课后训练】

登录你所在地国土资源管理局网站，查询你所在地近期要招拍挂的地块信息，并收集当地基准地价图和修正体系，尝试使用基准地价修正法评估该地块的市场价值。

参考文献

1. 柴强主编 . 房地产估价理论与方法 ［M］. 北京：中国建筑工业出版社，2015.
2. 廖俊平等主编 . 房地产估价案例与分析 ［M］. 北京：中国建筑工业出版社，2015.
3. 吴凌霞，杜威，刘然编 . 房地产评估实务项目化教程 ［M］. 北京：清华大学出版社，2015.
4. 张红日编著 . 房地产估价 ［M］. 北京：清华大学出版社，2016.
5. 祝平衡著 . 房地产估价理论与实务 ［M］. 大连：东北财经大学出版社，2016.
6. 戚瑞双编 . 房地产估价理论与方法 ［M］. 北京：中国劳动社会保障出版社，2014.
7. 章鸿雁著 . 房地产估价实务与实训 ［M］. 重庆：重庆大学出版社，2014.